U0138321

蔡英文總統頒贈褒揚令，感謝郭惠二教授對非洲卓越的貢獻。

褒揚令全文：

國立彰化師範大學副教授郭惠二，清徽彬雅，恢奇高華。少歲卒業現中原大學化學系，隻身負笈重洋，獲加拿大滑鐵盧大學化學暨多倫多大學教育碩士學位，袪衣受業，刻厲磨砥。遄返執鞭現臺北醫學大學、彰化師範大學，薰沐沾溉，桃李門牆。期間前往奈及利亞，研發簡易黃豆烹調方式，改善住民蛋白質缺乏困境，爰為防杜甲狀腺功能低降，悉力食鹽加添碘量究窮，遠圖長慮，據智彈謀；恤患救苦，異域蜇聲，素有「非洲豆漿之父」美稱，誠迺肇啓臺灣醫療援外之先驅。嗣開辦大專學生海外服務研習營，規劃熱帶醫學課程，自費延請學者講授；厚植跨文化溝通培訓，張拓宏觀國際視野。復賡續組團奔赴馬拉威，從事義診衛教宣導，引領志工服務風潮，襟靈理致，胸臆迭出；訏謨敷顯，克敦睦誼，曾獲頒第六屆醫療奉獻獎殊榮。綜其生平，教澤遺緒溥施青年學子，仁惠馨德播撒非洲大陸，令譽芳猷，奕世流詠。遽聞安息主懷，軫悼彌殷，應予明令褒揚，用示政府崇禮賢彥之至意。

總　　　統　蔡英文
行政院院長　蘇貞昌

2

卓越貢獻，獲頒殊榮

1996 年獲得第六屆醫療奉獻獎

1971 年至 1979 年間，郭惠二教授於非洲奈及利亞服務時，成功研發出簡易的黃豆烹調處理方法，協助該國政府控制當地民眾普遍罹患的蛋白質缺乏症，並受到鄰近西非國家模仿推廣，使營養不良和健康的問題獲得大幅改善，其成就受到國際的肯定與推崇。

父親郭馬西抱著惠二和母親葉水樹、兩位姊姊一位哥哥和一位弟弟在東京合照

大同中學時代

中原理工學院時代

成長與蒙召

和父母以及姊妹兄弟在中山教會前合照

難得的全家福（兩位姊姊：知惠子、哲子，大哥精一，三個弟弟：安三、仁四郎、忠吉和妹妹道子）

主日禮拜後和家人及三位教會青年於牧師館兼主日學教室午餐

惠二推動成立少年團契

中山教會禮拜後的合照，惠二前排左三。

1963 年赴加拿大留學與家人和教會人士在機場前合照

服役時，一位受他影響而成為基督徒的袍澤——陳錫松先生

1963 年初抵加拿大時，到英屬哥倫比亞大學參觀

1962 年於台北醫學院擔任助教

留學加拿大時代 Manitoba 大學化學實驗室

1963 年赴加拿大留學時與父母和擔保人（左二）合影

1965 年於 Waterloo 大學求學時住在學校門諾會 Conrad Grebel 學院，與全體學院學生合照。前排左起坐地板第四人為惠二。

在非洲的奈及利亞

1971 年參加「加拿大大專學生海外服務團（CUSO）」到非洲，任職奈
　　及利亞大學化學系講師。惠二帶職事奉上帝，推廣黃豆食品為非
　　洲的主食，他以自己微薄的薪水開始，之後奈國政府加入協助，
　　使嚴重蛋白缺乏症 (Kwashiorkor) 消失。
1974 年郭惠二被非洲國家評選為「開發中國家糧農領導科學家」。

◀協助發展農業

在奈及利亞原始的▶
廚房，教導窮人如
何製作黃豆食品。

◀經推廣大豆食品為奈
　及利亞主食後的健康
　兒童。

6

跨文化宣教與服事

投入泰北的援助工作

1997年惠二開始投入對於泰北少數民族阿卡族的宣教，後來中山教會及北部數間教會加入，協助阿卡族改善生活、衛生環境及教育。

1997年泰北

1998年泰北

2000年在阿卡族的傳統住屋前

1998年泰北滿星疊阿卡族
山寨教會開幕典禮，
惠二授剪綵

1997年泰北

心繫非洲，持續奉獻

1982 年惠二自非洲返台後，數次前往非洲
　　繼續推廣黃豆食品，到 2015 年之前
　　非洲英語系的國家（佔非洲 2/5）已
　　普遍知道食用黃豆食品。

2006 年馬拉威推廣黃豆

2006 年馬拉威 ▶

比塔內村鮑神父的家鄉

黃豆收成

非洲黃豆食品推廣,後繼有人

由於非洲仍有約 3/5 非英語系國家還不了解黃豆的食用方式與益處,推廣工作現在已交由天主教明愛會神父修女接手,繼續推動。

2019 剛果民主共和國黃豆田

山地服務社

1982 年惠二回台定居，擔任彰師大化學系副教授之餘，協助學生成立山地
服務社，寒暑假帶學上山做課業輔導、修理電器。至 2000 年屆齡退休。

山地服務社

投身教育與
環保運動

邀請澳洲 Anthony Radford 教授來台教
授熱帶醫學、海外醫療、跨文化溝通等
給青年學子從事國際醫療援助的裝備。

1998 年在馬偕醫院開辦「台灣大專學
生海外服務」（Taiwan University
Service Overseas, TUSO）研習營

1998 年惠二在馬偕醫院開辦 TUSO

◀惠二在 2000 年帶領台灣大專學生海外服務團（TUSO）到馬拉威推廣黃豆食品。

1990 年大專學生環保冬令營▶

◀ 1987 年惠二與有志人士致力於宣導環保意識以及推展環境保護運動，一起成立環保聯盟。

參與反核運動，與日▶本反核團體連繫，左起施性民、日本反核人士道祖土正則、李秀容、郭惠二。

1995 年參加輸血學會年會

1997 年參加台灣團體第一次在 WHO 開會期間推動加入 WHO，在日內瓦台灣辦事處留影

年輕時向神祈求的伴侶（林媽利醫師），終於在 39 年後，蒙神成全，兩人在台灣重逢、結婚了。

1998 年 9 月 8 日風琴演奏會

1996 年在歐洲街頭咖啡座中小憩

在台灣、加拿大、非洲、日本的教會擔任教堂風琴師長達 50 餘年

1999 年加利利海

蒙神應許
蒙福的婚姻

1999 年與好友立石昭三醫師夫婦
合影於京都

1999 年日本九州

1999 年耶路撒冷

2009 年日本好友立石昭三教授來訪，
攝於嶺頭神學院住家

1998 年在挪威奧斯陸

夫彈婦唱，幸福滿溢

13

2003 年 SanDiego 台灣中心

2002 年訪加拿大，與當年好友
John Kramer 及他的父親合影

2008 年拜訪加拿大好友 John Kramer

2006 年南非 Capetown 好望角

2000 年台灣同鄉會（世台會在台北）

2006 年義大利洞穴教堂

2009 年遊聖彼得堡

2007 年訪京都

2010 年在亞歷山大城

2010 年在馬拉威與 Phili 牧師合影

2010 年馬拉威

與媽利的兒孫合照

兄弟姊妹、家人的合照

2022 年 4 月 9 日衛生福利部常務次長石崇良於追思告別禮拜中代表總統頒發褒揚令

兄弟姊妹，著會記得上帝呼召恁的時，
照人的標準，恁中間無偌多人有智慧，
無偌多人有能力，無偌多人屬上流階級。
上帝故意用世間人看做戇的代誌來互巧的人見笑；
上帝用世間人看做弱的代誌來互強的人見笑。

～哥林多前書 1:26-27（現代台語漢字版）

目 錄

妻序 | 忠心到底的服事

　　摯愛的惠二在 2022 年 3 月 7 日回歸天家，結束了他五年五個月長期臥床不舒服的日子。他安詳地走了，在不捨與哀傷之際，幸好有天父一直是我們的安慰、支持和依靠，盼望將來在天上再相見。

　　感謝蔡英文總統及蘇貞昌院長，為他在非洲及台灣國內所做的貢獻頒發褒揚令，這讓我們既驚喜卻意外的榮耀肯定了他生前的貢獻：在非洲研發出讓所有窮困家庭即使在簡陋的原始廚房也能做出非洲人喜歡吃的黃豆食品，餵養了成千上萬，後來甚至擴及上億營養不良的非洲人，使嚴重的營養不良症（kwashiorkor）在非洲消失。此外，他耿直的言論及文章引發了奈及利亞知識分子及政府單位的反省，推動了全國性的教育改革，使教育的目的從原本塑造古典的英國紳士，變成培養服務窮苦及普遍知識不足的的社會大眾的建國人才。一時他變成奈國最受矚目的異議人士，差點被驅逐出境。

　　他在 1982 年回台後，任職於國立彰化師範大學化學系，開始服務故鄉台灣。他在學校成立山地服務社團，每年寒暑假帶領學生上山，學習尊重多元文化、如何做跨文化的溝通，以及山地學生的課業輔導。在此同時，他又與朋友和有志之士成立了台灣環境保護聯盟，而環保聯盟的成立後來更進而促使政府成立了環保署，呼籲台灣大眾學習愛護自己的鄉土。1997 年參與救援泰國少數民族「阿卡族」的工作，著手改善他們的生活、教育和醫療，後來又帶領北部的長老教會投入參與，使台灣一些長老教會跨出本土，開始從事跨文化海外宣教的工作。1998年為了在外交上被孤立的台灣青年人開啟一扇門，他開始仿效他年輕時在加拿大參加的加拿大大學生海外服務團，在台灣成

立台灣大專學生海外服務團（Taiwan University Service Overseas, TUSO）的研習營，鼓勵台灣青年到第三世界貧窮的國家服務，開啟了台灣在學青年服務開發中國家的風氣。TUSO 成立的精神往後也影響了台灣大專學校陸續成立國際志工社團，使大學生到海外服務蔚為風潮，十幾年後的今天終於看到種樹成林的榮景。

　　惠二溫柔、謙卑、慈愛、熱心，並具有當仁不讓的執著和勇氣，我在他身上看到了耶穌的樣式。他對上帝的愛，以及為上帝所做的服事，就像是「夢幻似的愛」，滿懷無可救藥的浪漫，不問結果不求回報地付出，盡心竭力完成生命的呼召。這也是他生前為這本書所定的書名。我在他回天家後整理他的遺物時，無意中在書櫃發現了這本已經排好版的稿子。這本書是他將以前所寫的文章做有系統的整理和連結，增加了他在加拿大留學及非洲工作的回顧，讓讀者可以一口氣讀完。在書中可以看到他服事上帝的熱誠，還有呼籲教會兄弟姐妹努力服事上帝、從事跨文化海外宣教，最終壯大教會的精神。

　　最後謹藉書中提到的路加福音四章 18 節與大家共勉：

　　　　主的靈臨到我，因為他揀選了我，
　　　　　要我向貧窮的人傳佳音。
　　　　　他差遣我宣告：
　　　　被擄的，得釋放；失明的，得光明；
　　　　　受欺壓的，得自由。

　　　　（現代中文譯本）

林媽利
馬偕紀念醫院名譽顧問醫師

盧序｜**值得我們學習的好榜樣**

「如果是上主要你到非洲去服事，而加拿大人不為你代禱，上主也會興起非洲的基督徒為你代禱。」

（一位加拿大學生對郭惠二教授所說的話）

就是因為這句話，堅定了郭惠二教授投入非洲宣教服務的決心。

認識郭惠二教授，是早在 1991 年的時候，那時我正負責長老教會《台灣教會公報》的編輯工作，當年暑假是我第一次去北美訪問，有一天被安排去多倫多教會訪問，就是由郭教授接待。那次他就跟我提起他曾去過非洲奈及利亞當宣教師的事，可是我在台灣從未聽人說過這件事，也就沒有特別注意。然後，1994 到 98 年間，我在嘉義西門教會牧會。郭惠二教授好幾次到教會來找我，原因是他聽到讓他很感動的事，就是我帶領嘉義西門長老教會全力支持總會，將差派陳馥蘭傳道（現早已封立牧師）加入「威克里夫聖經協會」的行列，開始接受訓練，準備受訓完成後，前去非洲塞內加爾加入翻譯聖經的行列。這消息讓他感到相當興奮地說：「終於有人願意到非洲西邊去做這種孤單卻很有意義的工作。」

他每次來找我，都會重複地表示，很欽佩我竟然會帶領教會支持一位素昧平生的女性傳道師去非洲西部加入翻譯聖經的工作。（後來嘉義西門在我離開後就放棄，不再支持。我轉到台北東門教會後，換這教會全力支持，直到陳馥蘭傳道結束在塞內加爾的事工）原因是在他的經驗中，很少傳道者會重視這件事，更不用說是教會。

他問我，是我主動打聽這件事，或是從哪裡知道這件事。

他會這樣問，是因為他得知我對陳馥蘭傳道師完全不認識。我告訴他是總會傳道幹事徐信得牧師的介紹。此後，他開始很有節奏地分享他在非洲奈及利亞當宣教師的故事，讓我內心起了相當大的敬意。那時，每當他到嘉義西門教會找我時，我們都會互相交換心得，他說非洲的事，我說在後山（台東）關山看見瑞士來的神父、修女們所做關心山地原住民的故事，以及我對農村生態的所見所聞。我也跟他分享在關山遇到一位奉獻一生生命在布農族開拓福音事工，並且翻譯布農語新約聖經的胡文池牧師，以及瑞士天主教「白冷會」如何支持此項翻譯聖經的工作。他告訴我：「生命中最有意義的事，就是幫助人認識聖經的教導。」他說：「能幫助大家知道怎樣閱讀聖經，明白聖經的話語，這樣才會改變生命。但要認識聖經，就必須有人著手翻譯。」他也分享在非洲天主教會的神父修女們，怎樣培育最優秀的神職人員。

跟郭惠二教授熟悉後，他開始侃侃而談在非洲當宣教師的心路歷程。他說自己雖然是在大學教書，但更有心得的事，就是教導當地人怎樣改善營養，使身體更加健康的故事。他說這比在課堂裡教書更有趣，也是他在非洲服務最大的喜悅。因為要改變當地人的飲食習慣，需要自己親身下廚。為此，他需要花很多時間研究食譜，特別是要針對黃豆開發食譜。不善交際的他，竟然因為開發了黃豆食譜，激發了奈及利亞這國家許多傑出的婦女也跟著研發黃豆食譜，並將研究所得主動提供給他。這是因為大家都受到郭教授的愛心感動，齊心努力將該國過去被疏忽的主要農作物黃豆之營養價值重新開發出來。

每當郭惠二教授談到去非洲當宣教師的經驗和看法時，他都會順口談及長老教會在差派宣教師的觀念和作法上，有時並不是很正確。他曾經多次嘗試要將自己的看法提供給長老教會總會相關部門的負責人，但結果都是失望。因為長老教會在差

派「海外宣教師」的作法和認知上，跟他在這本《夢幻似的愛》書中所談到的跨文化宣教之呼籲的見解相差很大。郭教授在跨文化宣教的見解上，很清楚地指出：西方教會差派宣教師去非洲確實曾犯了不少錯誤，從這裡也可看出他對國外宣教所要做的工作，以及應扮演的角色，確實有很精闢的分析與見解。

雖然我沒有見過郭惠二教授的父親，但從他身上我看見了他父親郭馬西牧師的影子；郭馬西牧師夫婦可説是台灣長老教會最早自主到南洋去傳福音的傳道宣教師。他們夫婦去南洋傳福音，並不是受台灣長老教會差派；但夫婦兩人為了要完成這項到南洋去傳福音的異象，他們變賣結婚時的嫁妝，自費到南洋去當宣教師，從 1929 年到 1933 年，前後五年時間，在緬甸、新加坡和中國南部的沿海地區傳福音，沒有任何教會給予經濟支援。郭馬西牧師為了達成這項使命，當他還在美國留學時，特別到哥倫比亞大學去學習「南島語系」的語言。這種獻身且不倚靠任何教會的財力支助，主動到偏遠地區去傳福音的情操，不要説早在日本統治台灣時代很難得，即使今天台灣經濟已經相當富裕，有能力可支持傳道者到偏鄉，特別是遠赴非洲未開發國家去傳福音的教會，也是少之又少。

從郭惠二教授所寫的這本《夢幻似的愛》，讓我們看到一個非常重要的觀念：要到偏鄉或弱勢國家、區域去見證福音的信息，不僅要有火熱的獻身使命感，同時也需要理性的準備，更重要的，就是要有謙卑的心懷，這樣才不會有「去幫助他們」而產生的錯誤心態，而是學會知道自己和他們一樣，我們都是同等的兄弟姊妹，是上帝喜愛的子民，是同一家裡的人。

盧俊義

台灣基督長老教會牧師

懷念敬愛的郭教授

　　有一天，辦公室門口站著一位身形挺拔的人說要找CARITAS 的負責人，我馬上出去請他進來坐。

　　「我是郭惠二，是基督徒，在非洲住了二十多年，在那裡教書，並在說英語的國家指導種植黃豆技術及食用方法。」還沒等我回話，郭教授又繼續用他那可親可愛的台語腔普通話說：「修女！我請人翻譯好法語及西班牙語的種植黃豆解說及食用法，希望能在天主教會的傳教區使用。有人告訴我來中央大樓找台灣明愛會 CARITAS，我就來了！」郭教授真是一位熱愛上帝的好基督徒，我們相識後，他經常來明愛會晤談他的黃豆經驗，我也聽得津津有味且很入神，他真是一位令人敬佩、行善不倦的人。他也很平易近人，當我邀請他與我們同仁共進午餐時，他靦腆地笑說歹勢啦！（台語發音）

　　郭教授是非常專業的化學專家，原本就是學化學的，在非洲時他注意到孩子們個個都是肚子鼓鼓的，因為他們的主食都是含澱粉質高的木薯，沒有什麼營養。於是郭教授試著引進有豐富營養的黃豆。但是一開始並沒能得到鄉民們的喜愛，他們嚐試後覺得有一股怪味，難以下嚥。（可能非洲人與我們亞洲人的食物喜好略有不同吧！）要如何除去這種他們所謂的怪味？郭教授鍥而不捨地研究，他真是一位行善不覺厭倦的人啊！最後他成功了，就是在煮黃豆時要測量溫度，當溫度計顯示 80 度時即停止煮沸，待冷卻後再磨成粉漿，怪味竟然不見了！

　　他的黃豆食譜有十五種之多，豆漿、豆餅、豆腐、豆干……他都一一耐心教導。黃豆則大量訂購自歐美及加拿大等國家，大面積地區的非洲鄉民都參與其中，真的是美不勝收！郭教

授在改善非洲人的營養扮演了很重要的角色，同時也提升了他們的生活品質。郭教授已跑遍了英語系國家，現在希望借助天主教在非洲的法語、西班牙語的傳教區來推展黃豆計畫，CARITAS 義不容辭馬上開始，由姜樂義老師負責推動此一計畫。剛果的聖母聖心會李神父，以及聖方濟沙勿略修會的鮑神父，以郭教授捐助的善款購買黃豆，邀請肯亞國已有豐富種植經驗的村長來指導。事就這樣成了！

　　豐收後三分之一留作種子，三分之一贈送每戶村民食用，三分之一賣給鄰村，並教導他們種植及食用方法。郭教授，您的大愛善行會傳遍各村、各鄉，不但改善廣大民眾的營養、提升他們的生活品質，也增進人與人之間的互助、互愛、互信，更顯示上帝愛世人的心意啊！郭教授，您安息吧！

李玲玲修女
台灣明愛會 CARITAS 執行長

註：CARITAS Internationalis 「國際明愛會」是由 165 個天主教公益團體組成的國際慈善、發展和社會服務組織，到普天下去傳揚基督的愛並建立正義和平的社會。

李序 | 天選之人——給人溫暖的郭惠二老師

Right person, right time

　　郭老師經常自我陶侃說，他從小在學校的成績總是墊底。因為在日本長大，剛回台灣時只懂台語和日語，不會說中文，導致學業上有諸多挫折。這件事讓他很自卑，我想這也是郭老師為什麼後來能表現出包容的態度、多元思考的能力，以及過人想像力的源頭。因為信仰耶穌基督，他願意默默地從事最根本、不起眼，卻是非常踏實的事，而且經常不忘給晚輩加油打氣！

　　回憶 1993 年時，我的工作是台灣環保聯盟的執行祕書。當我一個人在環保聯盟辦公室時，每月郵寄物件中都會收到郭老師固定的小額捐款，並在郵寄備註欄中關心我們有沒有薪水可領。這件事總是讓我很感動。他也不時地打電話來關心各種環保運動，尤其在日本反核團體來台灣拜訪，以及與台灣反核團體共同行動時，他總會在百忙中抽空，竭力幫忙翻譯。

　　1995 年，我創立台灣環境權益促進會的第一年。我們一起翻譯了日本名古屋大學生化教授河田昌東先生為一般大眾所寫的四本有關核能電廠的基本知識。這件事不但得不到任何酬勞，也花了我們許多的時間和金錢（編排和印刷）。因為我認為反核的一般民眾也必須對核電廠有基本認識，郭老師非常贊同，因而全力支持且投入。我們翻譯後完成的書本就分送給當時所有的反核團體，作為他們反核的基礎知識。

　　1995 年，日本青森縣反核人士道祖土正則先生來台說明「反法國運鈽船」經過青森縣港口的理由，郭老師也是一通電話就義務來幫忙翻譯工作。後來他又協助在核二廠出水口發現祕雕

魚的范正堂先生赴日本青森縣，參加反核遊行和演說。他的付出讓台灣和日本的反核草根力量更加緊密連結。

早期郭老師在大學教書時，寒暑假期間，時常帶著學生關心台灣原住民的文化和生活問題（我也曾隨他的學生團一起去阿里山，與原住民交流）。之前，郭老師更因上帝的旨意到非洲服務，前前後後約三十載。鑑於當時（1971 年）非洲幼兒五歲前的高死亡率（約有 4/5），他教育當地婦女有關黃豆的營養與烹飪方法，經過無數次鍥而不捨的實驗，以及對當權政府真誠的建言，最終改善了當地幼兒蛋白質缺乏症的問題，先後延長並拯救無數孩子的生命。他說當時在非洲做禮拜時，原住民信徒在來去教堂時熱情的載歌載舞，讓他感受到竟是如此接近天堂。

1995 年，他與從年輕時即傾心的林媽利醫師結婚後，更遠赴泰北金三角地區服務當地人民（我曾收到一群孩子穿著台灣捐贈的各式各樣的衣服，快樂如天使般的笑臉，奔跑在荒漠上的照片）。他經常說台灣的國際關係應建立在國與國一般人民的互動上，而非只基於政治上的利益考量。

時光飛逝，我已住在威爾斯偏僻的森林裡八年了。2019 年我回台灣時，郭老師已臥病在床，林媽利醫師依然興奮地對郭老師講解從非洲大地上傳來黃豆豐收的影片。2022 年 3 月 11 日，透過林媽利醫師的 Line 訊息，得知郭老師已於 3 月 7 日歸回天家，並於 4 月 9 日在台北中山基督長老教會舉行告別禮拜時，獲得台灣總統及行政院長的「褒揚令」。6 月 8 日早上，林醫師為郭老師在東海岸台 11 線 148KM 處的渚橋休息區舉行海葬禮拜，林醫師說：「天上的雲忽然變成放射線狀，我覺得好奇妙！他被接到天堂去了！」

正想著郭老師的一生磨難，那些難能可貴的經歷即將逝去；

後來林醫師在整理郭老師書房時，赫然發現他對自己過往的記錄文稿，誠懇執著的一字一句，讓人眼前一亮。感嘆人生的目的為何？當局者迷，冥冥之中上帝自有安排！雖然世上再無郭老師，但這樣的身教言教，讓我深感幸運機緣巧遇，在天災頻繁、各地戰事一觸即發的此時此刻，期待和大家一起分享學習。（黃豆的非洲料理方式也很適合威爾斯的森林）

郭老師為人謙和，處處為別人著想，在唯功利是圖的台灣和世界，實屬一股清流。

他生前努力貢獻在台灣、在非洲、在泰北。有他在的地方都留下了慈愛的足跡，他的存在也證實了施比受更有力量。

他服從了上帝賜與他的使命，讓世間需要能迎刃而解。他真是「天選之人」！

李秀容
國史館台灣環保運動史料彙編者
前台灣環保聯盟總會副祕書長
2022 年在英國威爾斯

彭序│台灣跨文化宣教的先驅

楔 子

1974 年盛夏，在瑞士洛桑大會上，認識了來自非洲奈及利亞的宣教士，郭惠二教授。1982 年共事於彰化師大。2022 年 4 月，在他的追思禮拜上，再度「見面」，已是天上人間。心中有幾許悵然，更多的是深深的懷念！

相遇～瑞士洛桑大會，了解他的理念

1974 年 7 月，葛理翰牧師（Billy Graham）在瑞士洛桑召開 International Congress on World Evangelization，簡稱洛桑大會（Lausanne Congress）。邀請 185 個國家基督教領袖參加，與會者逾 4,000 人。會議之中的「華人聚會」，來自非洲的宣教士郭惠二教授，分享在奈及利亞所做「黃豆奇蹟」的事工，贏得大家讚賞，卻沒能激起熱烈迴響與行動。

大會的宣言《洛桑信約》（The Lausanne Covenant），其中強調基督徒除了傳福音救靈魂外，對社會、政治，應有更多關懷與責任，尤其對貧窮落後的國家與人民，應給予更多關切與援助。這個課題，與惠二教授跨文化宣教的負擔，不謀而合：願意到貧窮落後的第三世界，宣揚主的名，彰顯神的愛。

共事～台灣彰化師大，看見他的身影

1982 年秋天，郭惠二教授受聘於彰化師大化學系。與他既是同事，又是鄰居，更是同道，成為莫逆的君子之交。

他的文字寫作：他勤於筆耕，文章聚焦於第三世界、跨文化宣教、弱勢關懷、醫療服務、環境保護等主題。每寫一篇文章，經常請我給予意見，加以斧正，我僅只給他文字的看法。從他的文章與思想，獲益良多；對他的殷勤與謙卑，肅然起敬。

他的課堂教學：他以經過統整的化學知識與心得，毫不保留地傾囊相授。他是化學專業優秀的「經師」。以他在日本成長、北美學習、歐洲遊歷、非洲工作的經驗與心得，引導學生重視通才與多種語文，擁有跨文化的國際觀，關懷弱勢族群與環境生態。他是一位關懷學生難得的「人師」。

他的理念實踐：他輔導山地服務社，每年寒暑假，帶著學生上山，關懷服務弱勢貧困的山地村落居民。他以平日言談、會議發聲、文字筆耕參與社運，甚至走上街頭，關懷畢生執著的主題，醉心理想夢幻的世界。

他的為人處世：身材高大卻是輕聲細語，直來直往卻是有禮有節，堅持己見卻是謙卑柔和，像似美感中「不平衡的平衡」。經年累月下來，許多師生越來越欣賞、敬重他柔和謙卑的人格特質，真誠直率的表達方式，認真執著的風範習性，戮力參與的工作態度。

閱讀～跨文化宣教士，敬重他的志業

大凡神重用的僕人，常會歷經山重水複疑無路的愁苦，柳暗花明又一村的歡樂。郭教授也有他的愁苦與歡樂，或許這是成為跨文化宣教士的必要條件：

一、健康的身體：五歲罹患百日咳肺炎，生命垂危，歷經三年才得恢復。然而，此後數十年，他身心健康少有疾患。

二、廣博的見識：童年隨父親工作的職責，經常舟車勞頓、風塵僕僕

地旅行日本各地，探訪台籍留學生。然而，接觸不同的人事物，使他擁有了廣博的見識與經歷。

三、高超的琴藝：二戰結束自日回台就讀小學。由於體力差，個性內向，國台語皆不通順，常遭受同學排擠。然而，他專心學琴，成為司琴高手。

四、自卑的超越：因熱愛音樂以至中學留級一次。畢業後第二年才考上中原理工學院。然而，他是音樂活動中的靈魂，每日晨間禮拜及唱詩班的司琴，原有的自卑感，不藥而癒。中原四年，是他最快樂的學生歲月。

五、奇蹟的經歷：因為適應不良，遭到 Univ. of Manitoba 退學。然而，他卻進入更好的 Univ. of Waterloo，還獲得獎助學金，同學們全都感到不可思議，若不是神的恩典，怎麼可能？！

六、多元的背景：結束八年留學生涯，蒙召從事跨文化宣教，因他沒有神學背景，遭各個差會拒絕；他不是公民，無法申請加拿大政府援外計畫。然而，他有化學碩士教育學位；生物、物理、化學和音樂的教師資格；通曉中、日、英三國語文；住過日本、台灣、加拿大三十多年。至終獲得「加拿大大學海外服務團」（Canadian University Service Overseas, CUSO）派往奈及利亞。

七、教會的支持：當他要去奈及利亞，教會會友不是潑冷水，就是大力勸阻。然而，多倫多小三一安立甘教會（Little Trinity Anglican Church）先後有兩位姐妹曾經在奈及利亞宣教。竟然獲得主任牧師 Harry Robinson 與全體會友，無異議的代禱與支持。

結　語

1971 年他前往奈及利亞，先後在三所大學醫學院任教服務。1974 年前後，郭教授解決了蛋白質缺乏症的「黃豆奇蹟」，成

為非洲的風雲人物。日後，拯救了千千萬萬營養不良、疾病叢生的非洲人。

在奈及利亞時期，他致力於大學的教學工作、營養的改良研究，與基督徒的學生工作。他對奈國的教育與醫療，大膽直率地提出評論與建言，引來強烈的兩極辯論，一度陷於危險之中。最後，奈國政府接受他的建議，組成國家青年服務團，形塑青年的社會責任，促進族群的和諧共榮。

1979 年底，離開從事跨文化宣教八年的奈及利亞。1993 年與 2000 年，兩度遠赴東非肯亞、馬拉威、坦尚尼亞等國家，協助營養知能的教導與推廣。他從未忘記非洲大陸的苦難與需要，誠所謂「一日非洲，終生非洲」。

1991 年底，郭教授前往聆聽一場音樂會。與他隔鄰而坐的，竟然是年輕時心儀的女子，著名的血液學者林媽利醫師。1995 年 7 月，郭教授終於和此生唯一摯愛的林媽利醫師，結為夫妻，同行天路，賢伉儷誠乃天作之合的靈魂伴侶。1997 年夫妻倆前往探望關心泰北清萊阿卡族（Akha）的宣教事工。1998 至 2010 年在馬偕醫院、台北醫大開辦「台灣大專學生海外服務」研習營，培育許多跨文化醫療服務的種子。跨文化宣教是他終生的志業，誠所謂「一日跨文化，終生跨文化」。毋庸置疑，郭惠二教授是台灣跨文化宣教的先驅！

彭國樑

彰化師大教育研究所退休教授

2022.07.10

成長與蒙召

神卻揀選了世上愚拙的，叫有智慧的羞愧；
又揀選了世上軟弱的，叫那強壯的羞愧。
～哥林多前書一章 27 節

出生背景

祖父郭希信

我的祖父郭希信是第一代基督徒，但是他的生長背景很曲折。

他原出身金山林家，外貌卻很像洋人。可能是這個緣故，被誤會是私生子，是洋人水手和台灣女子生下的混血兒。10歲時被台北市士林社子島郭姓人家收為養子。在郭家成長，就讀公學校和牛津學堂。

他是台灣第一代基督徒，也是台灣北部第一位加拿大宣教師馬偕博士（Rev. Dr. George Lesley Mackay）的得意門生。馬偕博士就是馬偕紀念醫院的前身──馬偕醫院的創辦者。郭希信後來成為台灣早期知名的牧師。他有四個兒子和兩個女兒，雖然早期牧師家都很窮，但因神的恩典，六個兒女中竟有三個兒子、一個女兒在第一次世界大戰前後期中接受了大學教育，其中又以我的父親郭馬西牧師最出色。

父親郭馬西

父親是1892年在士林社子島出生，是家中的長子。他喜歡閱讀，也是經過公學校、牛津學堂而成為傳道師。約17-18歲時，因成績優異，被加拿大宣教會看中，將他送到日本京都同志社中學讀書。同志社中學畢業後，到東京同樣為教會創辦的明治學院完成神學部課程，準備回台灣擔任神學院的老師。在學期間，他與其他同鄉創刊了《台灣青年》，提倡以新思想、新文化來建立新台灣社會。

　　父親在即將畢業的那一年，第一次世界大戰結束，美國哥倫比亞大學提供給日本文部省 100 名學生的獎學金。文部省就以公開招考徵選來分配這筆獎學金，父親與另一位在台灣讀化學的年輕人雙雙考上。那位讀化學的年輕人後來留在美國繼續深造，沒有回台灣。而父親拿到這筆獎學金，也到美國深造，沒有返回台灣擔任神學院的老師。這件事使加拿大宣教會很不高興。

　　父親到美國之後，發現他的神學程度根本無法與美國神學院相比。他普通大學畢業後，進入紐約協和神學院（Union Theological Seminary），但是因為程度相差太多，所以被協和神學院送去 Auburn 神學院先念了三年。念完之後，再進入本科就讀（很巧的是，他在此與中國有名佈道家宋尚節博士成為同學，宋尚節的博士學位是美國 Ohio State University, Ph.D. 化工博士）。Auburn 跟協和神學院都是在哥倫比亞大學附近，宋博士沒有念過神學基礎就進去協和神學院。然後再去哥倫比亞大學念一年的文化人類學。

　　本來父親是拿美國的獎學金來讀大學，但是到美國之後因為在日本修習的神學程度只相當於美國的主日學，因此，美國哥倫比亞大學就取消他的獎學金。為繼續學業，父親就要一邊打工賺取學費，直到 1927 年自協和神學院神學碩士畢業。他嚮往到印尼的峇厘島當宣教師，所以神學院時代也曾經專攻佛經。畢業後，又到哥倫比亞大學人類學系研讀一年，特別是針對印尼人和峇厘島相關的學習。

　　父親學成回到台灣時，因為先前與加拿大宣教會的問題（違約），加上當時父親的學歷與在台灣的宣教師有一大段差距，因此無法順利合作。1928 年，父親與母親葉水樹女士結婚，在台灣神學院擔任副校長一段時間後，就辭去職位，決心要走上宣教師的道路。兩人變賣了

母親的所有嫁妝，作為自由宣教的經費，全家搬到新加坡，那時新加坡也是一個很落後的地方，我們在那裡居住了差不多一年。在此期間，父親又去了緬甸的仰光。

緬甸是一個佛教國家，峇厘島則主要是信奉印度教。父親猶疑不決，不知道是否應離開新加坡。後來父親還是帶著我們全家離開，到中國的廈門與上海等地宣教了一段時間。1934 年父親受邀到日本東京的台灣基督教青年會去擔任學生傳道事工，因為他有豐富的學歷，跟日本教會神學界很容易溝通。於是我們又全家遷往日本東京。

父親剛到日本時，母親已經懷孕快要生我，因此她先回台灣生下我，十天後，才坐船到日本神戶，再搭乘火車到父親所在的東京。

為服事留日的台灣學生，父親後來成立東京基督教傳道會。當時要養育我們八個孩子，家中經濟已經不寬裕，但父母仍不時邀請學生到家中吃飯，也經常搭著首班的電車，帶著幼子，探訪四散各地的學生，關懷他們的生活與讀經狀況，為他們祈禱，竭力幫助他們各方面的需要。戰後，父親召集許多留學生回台，在盟軍的運輸艦上，他每天為全船的人主持禮拜，撫慰所有不安和創傷的心靈。

我們在 1946 年回到台灣，父親受聘接手日本人所留下的教堂（台北聖公會大正町教會），成為台北中山基督長老教會的首任牧師，全家住進了僅有數個榻榻米大的主日學教室，生活其實非常不便，但父親心中掛念的是禮拜堂的重建和福音傳教的事工。

母親葉水樹

我的母親出生二個月後便喪母，主要由她的祖母照顧。在她 10 歲和 12 歲時，祖母和父親相繼過世，養成了母親自小就獨立的個性。我

的外祖父是台南首富，母親是他的獨生女，在親人離世後，母親也要協助管理家產。我想因為這樣的歷練，讓母親日後能成為父親宣教的最佳助手與強力後援。

母親在求學過程沒有讀過日文書，最高學歷是廈門市集美女子示範學校。家族背景都是拜拜的她，是家族裡第一個歸主的。在那個時代要成為基督徒很難。我的太太林媽利醫師是血液專家，經過她的調查，我的母親應該是純種的日本人。但是母親終其一生都不曉得自己是日本人，也不會講日文。

後來我研究母親的生平，應該可以追溯至日本戰國時代最後德川家康得到天下那個時期。因為德川家康討厭基督教（天主教），所以日本的基督徒都被遣散到國外。雖然母親的娘家是信仰民間宗教，但她可以很快成為基督徒，應該是跟血緣有關係吧。母親從廈門畢業回來後，在長榮女中婦學班擔任教師，教授年輕的太太們。之後她在集美女中時代的同學作媒下，認識我的父親而結婚。那時我父親是 36 歲，母親是 30 歲左右。父親年輕時很獨裁，常常偷拿母親的嫁妝去買書。會友基於同情，將錢奉獻給母親，但父親又會瞞著母親將這些錢拿去買書。

母親一共生了十名子女，但是最大的流產了。最後一個是女孩，出生時正逢太平洋戰爭最激烈的時候，日本社會物資缺乏，沒有辦法提供奶粉等需要品給襁褓中的嬰兒，因此出生兩三週後就過世了。母親為此傷心許久。不過，就在次年美軍將我們在東京的住屋炸毀，全家成了無家可歸的難民時，她反而感謝上帝將孩子接回祂的懷中，否則此時她更無法照顧其餘的家人。母親的愛對所有孩子都一樣，她重視我們的天賦發展，尊重我們的決定。

　　家裡經濟不好，但母親仍然時常邀請背井離鄉的台灣留學生到家中。她手藝非常好，當食物不足時，她會去買日本人不吃的內臟、豬皮、豬尾巴，讓孩子去摘野菜回來，然後煮出營養可口的美味來招待這些學生。她從不拒絕任何人來家中吃飯。她也是一位天生的媒婆。在東京留學的台灣留學生，很多是經過我母親作媒結婚的。她說自己作媒應該有幾百次了，其中只有一兩對離婚或自殺收場，母親也為此十分難過，直到她人生的最後階段。

　　父親成為中山教會的牧師後，除了和父親一起探訪會友和處理各種需要協助事項，每次聚會，母親都親自挨家挨戶邀請會友來參加，有些會友看到母親如此辛苦，很受感動，就承諾自動參加，不用母親再辛苦奔波邀請了。即使家中扶養的孩子很多，母親還是隨時留意關心會友的身心靈，若有親友送東西來，她就會把這些東西送給那些有需要的人。

　　每個星期六，母親會帶領全家的孩子清潔教堂，每個孩子都分配工作，她當總指揮，領先大家將教堂裡外清掃乾淨。我和哥哥、弟弟還要負責印週報和樂譜，因此我們的手和臉經常沾滿藍色的油墨漬。

　　父親雖然不像別人愛出名，但相對地，母親更是默默的工作，很多人常常感謝她。

編註：本文主要為作者自撰的回憶錄（未發表），部分內容參考：
1. 沈紡緞，〈堅持傳福音是唯一職責‧郭馬西牧師小傳〉，《新使者雜誌》85 期，2004 年 12 月 10 日，p. 21-22。
2. 沈紡緞，〈郭馬西牧師娘葉水樹‧一位在患亂中堅持信仰的女性〉，《新使者雜誌》88 期，2005 年 6 月，p. 26-29。

早年的生活

日本

1934 年 8 月 31 日我在淡水的紅樓出生，出生後十天，就因父親工作的關係，全家乘船渡海，遠赴日本。

三歲時，我生了一場大病，引發了嚴重的肺炎，母親盡心盡力照顧，為了救我，她甚至輸自己的血給我。好幾次瀕臨死亡的邊緣，但父母親靠著信心，虔誠祈禱，病情奇蹟似地逐漸轉危為安，慢慢地我恢復了體力，並重新學習走路和講話。這使得母親因此更有信心，相信神必保守看顧她孩子的一生。

父親在日本的工作是照顧台灣旅日的留學生，必須經常到各地探訪，那時父母會帶著幼年的我一起四處旅行。當時雖世事懵懂，但旅程中不斷接觸到新奇的人事物，使我幼小的心靈得以持續受到啟發，為日後廣泛的興趣埋下了種子。

我是家裡的第四個孩子，上有兩個姐姐、一個哥哥，我之後的三個弟弟和一個妹妹都是在日本出生的。七歲時進入日本小學就讀，因為是中國人，加上才大病初癒，身體仍然虛弱，跟同學打架總是輸。日本人的教育方式很不伊樣，比方說小孩子打架，當然有一方贏一方輸，老師會先處罰輸的孩子，然後才問是哪一方的錯。因此我從小就很吃虧，不但經常受欺負，也交不到朋友。

四年級的時候，日本在第二次世界大戰的太平洋戰爭中節節失利，

本島更遭受盟軍的轟炸，政府要求全東京居民疏散，所有小學生須隨老師到鄰近地區避難。我和當時六年級的哥哥，還有分別是三年級和一年級的兩個弟弟被迫跟學校一起疏散到鄉下，離開東京的父母，也因此失學一年。直到戰爭結束之後，我們四個男孩才跟其他家人團聚。

台灣

大戰結束後，跟著父母回到台灣，父親到中山教會牧會。這時我十二歲，國小六年級，面對的挑戰是：一個新的異文化環境，加上不諳國語和台語，體力差，個性又內向，在班上經常被同學排擠，孤獨的我轉而以琴為伴，專心學習。之後進入大同中學就讀時，每次週末全家清潔禮拜堂的時間一到，我就會溜到淡江中學陳泗治校長的住處學琴，平時就到四條通的郭雨新家裡練琴，課餘也在教會自習彈琴。十四歲時，我開始在教會擔任司琴的工作。

父親熟諳神學並精通各種語言，母親則是非常能幹，我的姊姊、哥哥和大弟功課都很好，名列前茅，特別是大弟，小學五年級還沒畢業就去投考中學，並且初中高中都是拿第一名。而我書讀得不是很好，打架也很弱，從小我就認為自己是家裡面很沒出息的一個，這養成了我喜歡安靜、不愛講話的個性，也不擅於跟人溝通。大概是由於這個緣故，我的國語一直都讀不好，成績很差。在家裡也是不活潑又不能幹，成天喜歡幻想。

國中一、二年級時，我參加了一場佈道會，我在當中決志信主。那場佈道會由芝加哥浸信會牧師 Dr. Harris 主講。Dr. Harris 和路經新加坡美籍牧師 Dr. McCoy 不約而同地來到台灣，因為他們同時在兩地（美國及新加坡）得到神的指示，要他們來台灣告知蔣中正總統台灣

將不會有危險（那時是民國三十八年），但是神要他認罪悔改，因他在大陸所做的許多事神都不喜悅。據兩位牧師的見證，蔣總統深受感動，在兩位牧師面前流淚向神認罪悔改。

我中學時代喜歡閱讀日文書籍，當時曾讀過一篇有關一對瑞士青年夫妻到非洲服事的故事：太太原是瑞士大銀行家的女兒，但父母仍允許她嫁給年輕的傳道人。在非洲宣教當地，他們生了一個女兒，一家人和樂地生活在一起。可是好景不常，在一次瘟疫中，他們失去了愛女，他們將她葬在非洲的土地上，並在上面種了一棵樹。不久之後，他心愛的妻子也因瘟疫去世，這位年輕的傳道人在野地裡哀傷痛哭了許久，最後將妻子葬在女兒旁邊。墳上的樹漸漸長成了大樹，這位傳道人沒有再婚，並且比以前更加賣力地宣教和工作，每次一有空就到樹下靜思，陪伴親愛的妻女，直到頭髮花白年華老去，去世之後，也被葬在一起。這則淒美動人的故事深深地打動了我的心。所以在 16 歲那年，我向神許願，願意一生為神所用，為神走遍天涯海角，向所有無依無靠、落後國家的人民，宣揚祂的名並彰顯祂的愛。

中學時期因過分熱愛音樂，以致荒廢了學業，被留級一年；畢業那年也沒考上大學，第二年才考上新創辦的教會學校——中原理工學院，即今中原大學的前身。小學時的尿床，再加上這一連串的挫折、孤獨及自卑，我發展出豐富的想像力。進入大學以後，我因為琴藝還不錯，從入學至畢業四年期間，都擔任校園每日晨間禮拜及詩班唯一的司琴，成為校內各種音樂活動的靈魂人物。由於朋友漸漸多了起來，強烈的自卑感慢慢得到醫治，這四年可以說是我求學生涯中最快樂的一段時光。與此同時，我也在教會擔任司琴，並推動成立少年團契。

大學畢業後入伍，在澎湖服兵役的一年半期間，曾先後影響三位

袍澤成為基督徒。服完兵役，到台北醫學院擔任助教，工作之餘，我致力於校內基督徒團契的建立。後來在加拿大念書時，我還常寄錢回來資助團契。

加拿大

結束台北醫學院兩年的助教工作之後，我便前往加拿大留學。在加拿大第一年因適應不良，被 University of Manitoba 退學，但與我同一研究室的同學徹夜為我祈禱，結果奇蹟似地，學校答應讓我留下來打工，度過三個月的暑假。之後，我申請到師資和設備更好的 University of Waterloo，而且還得到獎學金與生活津貼。這件事馬上傳遍台灣留學生的圈子，不管是不是基督徒，都異口同聲地說：「這真是神奇妙的恩典、憐憫及厚愛」。

在高中畢業、沒考上大學的那一年，我喜歡上教會詩班的一個女孩子。當時我 20 歲，在教會司琴，而她 16 歲，是高一的學生。我一向害羞內向，當時的社會也相當保守，所以幾乎沒有談話及接近的機會。但經常祈禱的我，開始向神祈禱，希望她將來能成為自己終生的伴侶。這樣熱切地祈禱了兩年，有一天晚上，我聽到了神似乎用勉強的聲音來應允她成為日後的另一半。結果神的應許在 39 年後實現了，在我們各自經歷了人生的迂迴曲折之後。

我在年紀稍長後，開始深思這樣的祈禱方式是否恰當？因為當時沒有人指導我正確的祈禱方式，因而向神求了這件事，但是否應先求神的旨意呢？如果當時先求神的旨意，是否人生的路途會平坦些？當年的她，是名外科醫師的女兒，高中畢業後順利考上醫學院。我知道她考上的學校之後，曾寫情書去給她，卻碰了一鼻子灰。我感到前所

未有的失意，信心也開始動搖，但我不輕言放棄，仍繼續寫了兩年的信，最後我告訴她有關神應許的事。但她好像都沒有神的感動，因此神的應許不該成立。據說，她日後雖然沒有回信，但我有沒有結婚這件事卻成了她心裡的負擔。

我到加拿大留學的第二年，她因實習住在修道院的宿舍，在修女的鼓勵下，我們又開始通信，雖然只是普通的通信，談不上情書，但足以讓我欣喜若狂，雖然十年沒再見過面，但心中常幻想著她作女朋友。她美麗可愛，同時有許多醫師的追求，加上家裡一定要她嫁給醫師，所以通信不久又得不到她的回信了。受到這一重大打擊，加上後來不慎，聽信媒妁之言，我和一位素未謀面的台灣小姐隔洋訂婚，等到見了面才發現彼此性格不合，於是婚事告吹。為了此事，我受到許多親友責難，加上自責，最後精神支撐不住，患了神經衰弱症。當時沒有錢就醫，卻屋漏偏逢連夜雨，學校要求我休學一段時間，等結婚後身心較平衡時再復學。那段期間，在台灣的父親發現罹患了癌症，而且很快地在五個月後去世。就在這接二連三的挫折打擊中，我學到了堅強，「幻想者」變得實際了。現在看來，這些都是神要用我的預備，讓我能在日後獨自面對非洲艱難寂寞的宣教服務事工，那是宣教界公認唯有單身漢才能完成的任務。

在加拿大八年中，我前三年在 Manitoba 和 Waterloo 兩所大學專習化學，取得化學碩士學位。後幾年則在 Toronto 大學研習教育、醫事技術，並且在 Alberta 大學研習遺傳學，得到教育學士，同時也取得了生物、物理、化學及音樂教師的資格。

低谷中的呼召

大約在七〇年代之前，台灣人對非洲的了解可說是一片空白，甚至許多報導有關非洲和宣教工作的作者都沒去過非洲，常把非洲描寫成蠻荒之地，直到 1975 年，陳平女士（筆名三毛）的撒哈拉沙漠的故事，才第一次有了對非洲的較真實報導。

我到加拿大留學前，對第三世界的了解也是一樣空白。在加拿大開始接觸從非洲等落後國家來的留學生，發現他們當中有許多人都很優秀，這才認清自己對第三世界的嚮往與現實之間的差距。過去的夢想破滅了，漸漸打消為神到落後地區服事的想法。

呼召與回應

在加拿大第四年，歷經各種挫折失意後，我開始聽到神的呼召，原先就像一顆小小的種子撒在心中，後來逐漸萌芽成長。神要我到落後地區服事，但我對神說：「我沒有資格，我不夠聰明，又信心薄弱。」可是神的呼召越來越強烈，心中的小樹苗逐漸長成大樹，壓力越來越大。由於意識到神的呼召，我開始轉行去學習可能在第三世界用得上的學科，例如遺傳、教育及醫事技術等科目。另一方面，我也急於成家，但都因我將來可能去第三世界而告吹，這著實讓我相當苦悶。

在第七年，心中的壓力已讓我快喘不過氣，幾乎要窒息。為了化解心中這龐大壓力，我開始到各差會和加拿大政府援外單位申請赴第

三世界服務。但我沒有神學文憑，所以遭差會拒絕；我不是加拿大公民，加拿大政府也不接受。最後，唯一剩下的機會是，加拿大大學海外服務團（Canadian University Service Overseas，簡稱 CUSO）。幸好我有加拿大永久居留權，有可能取得公民權，因此 CUSO 接受了我的申請。填志願時，我填了東南亞及中南美洲，但是當時東南亞有排華風潮，中南美洲地區又需具備西班牙語文能力，我無法在短期內學好，於是被選派至奈及利亞。

當時西非的奈及利亞正值內戰結束，百廢待舉，但因獲勝的聯邦政府非常嫉妒打敗戰的叛軍地區受到全世界的同情與關注，就刻意限制世界各國援助人員的名額，加拿大只分配到 20 個名額。所有的宣教團體在當地並不受歡迎，大約達三年之久。在這情況下，我因具有多元文化背景及跨領域的學識專業，自然成為理想人選。在接獲派至奈及利亞的通知後，我想抗拒，心中的壓力卻不斷增加。每當我到奈及利亞服事的信心動搖時，我的內心就感到異常痛苦，但若心向非洲時，心中的痛苦就會得到紓解。為解除心中壓力（事實上那是五年來堆積在心中的痛苦壓力），我毅然決定要前往奈及利亞。

然而我到奈及利亞服事神的決定卻被許多同教會基督徒朋友潑冷水與攔阻，他們認為我沒有資格，因為我沒有神學文憑；當時歐美的教會或差會通常差派最優秀的宣教師及醫輔人員到最艱難的地方服事，因此我能夠到當時世界矚目的艱難地區服務這件事，就成為同教會一向看不起華人的基督徒的嫉妒對象。但是慈愛的神安排了一所極有傳福音負擔，又是眾多學生喜愛的多倫多小三一安立甘教會（Little Trinity Anglican Church, Toronto, Canada）的全體會友，熱心地為我代禱了八年。原因是我在那段時間，每禮拜天上午到多倫多市內一間

沒落的長老教會教兒童主日學；晚崇拜時，有時到市內最大的長老會教會，多倫多諾克斯長老教會（Knox Presbyterian Church）聚會，有時到小三一安立甘教會參加晚禱。雖然在諾克斯長老教會裡認識我的人很多，但主任牧師對華人非常冷漠，很少和華人握手；小三一安立甘教會的主任牧師 Harry Robinson 就不同，他對外國留學生和加拿大人一視同仁，從來沒有歧視，對任何人都非常和藹可親。

因為快要離開加拿大了，有一天晚上，我去向 Robinson 牧師道別。牧師以為我要回國，所以請我留下地址，我留了非洲的地址。結果很有意思的是，這教會在五年前曾有一位年輕小姐在我非洲地址的附近地區服務了幾個月，因內戰爆發，不得不返回加拿大。內戰期間另有一位加拿大護士（學生時期在這教會作禮拜），志願去叛軍區作戰地護士三年。戰爭結束後，回到加拿大，她推薦一位戰地的助理（非洲奈及利亞大學醫學院的學生），請教會資助他念完醫學課程。而我即將前往的學校，與這位被資助的學生正好是同一所（這位學生後來也成為我的學生）。加拿大大學海外服務團並不是宗教團體，不可能會和小三一教會搭上線，但這樣的巧合，足以讓 Robinson 牧師和全體會友相信，我就是今後小三一教會要熱心代禱的對象。

加拿大大學海外服務團

在 20 多年前國內還未有類似加拿大大學海外服務團（CUSO）的團體，但先進的國家都已有類似的團體，包括非基督教國家的日本在內。在美國是政府主辦的和平志工團（Peace Corps），日本也是政府主辦的青年海外協力隊，英國是 Volunteer Service Overseas（VSO），德國是 Diest Ubersee（DU）。加拿大的 CUSO 性質和上述各國不

太一樣，它是半公半私的團體。它的經費來源大部分是加國的援外基金，少部分由加國大企業贊助。CUSO 的活動方式是向落後地區的各國政府表示協助尋找其所需之建國人才，然後將各國需要的人才廣告張貼在所有加拿大大學（包括社區學院）校園的佈告欄裡。各大學都有 CUSO 之支會，由教授和學生代表共同組成委員會協助 CUSO 總部之工作。CUSO 總部的行政人員大都是 30 歲以下的年輕人，且都具有五年以上的援外經驗。當支會收到志願者或畢業生的申請時，會先由委員會進行面談，以收集資料並進行背景與身分調查；通過之後，再將資料送到總部以調派工作地點，而詳細資料也影印成數份，送到調派地點，徵求接受單位的同意。待接受單位同意後，最後再告知志願被差派之當事人。由於沒有年齡限制，因此常有退休後的大學教授或護理人員參與。

志願隊員離開加拿大之前通常需接受兩星期的一般性行前訓練，技術人員則要多加兩個禮拜的行前訓練，然後按照分派的國家，分批搭乘包機前往。抵達接受單位之國家後，要再參加至少一週熟悉環境的講習會（技術人員多一、二個禮拜），內容包括許多參觀活動。然後才被接送到各接受單位服務兩年（一期），整個活動（包括所有民生問題）經費分擔方式為：隊員在加拿大之行前訓練，加拿大到服務單位之來回機票（包括服務國內陸上的交通費），兩年服務期間所有保險費及緊急狀況的處理費用，全數由 CUSO 負擔。接受單位則提供服務的薪水（一律按照當地國家政府規定之大學畢業生初薪支付，有的國家則是依當地公務員的薪水標準支付），並負責住宿問題。由於不會造成接受單位太大的負擔，因此向 CUSO 尋求人才各國都相當踴躍，但 CUSO 能答應的，只有要求名額的十分之一而已。由於薪水

額和生活程度與對方相等，因此工作時能避免不少麻煩，也比較容易受到認同。每 20 到 25 名隊員，CUSO 就派有在地的協調人員（field coordinator，他們的薪水由 CUSO 支付），負責隊員和當地政府之間各種問題的協調，以及隊員各種適應的協助與事務的處理。

CUSO 要求我先取得加拿大國國籍，不然不容易保護我，因為加國和奈及利亞國先後在 1970、1971 年承認中共，和台灣斷交。而我所持的是台灣護照，且未到達能申請加國國籍規定的居住年限；當時永久居留必須達五年以上（留學期間則減半計算），才能申請加國國籍。

神及時的供應

一方面考慮到郵寄時間長，所以將所有能寄的東西在離開加拿大之前四個月就寄出，工作也按規定在三個月前提出離職申請，使雇主能找到適當人選接手。但是我的信心起伏不定，萬一到時候沒有拿到加國國籍，就什麼都沒有了；何況教會有那麼多潑冷水或出言侮辱的人，不像別人能得到許多鼓勵，我只能一直寂寞地等待。結果，加國的國籍是在離開多倫多到首都渥太華（Ottawa）接受行前講習的前一天通過，加國護照是隔天才拿到，我在同一天的深夜離開多倫多火車站到渥太華報到。這件事感動了不少兄弟姊妹，他們一直以來都抱持懷疑的眼光，但是日後都加入了為我代禱的行列。

在離開加拿大前往非洲、臨上飛機之際，曾經幫忙最多的朋友 John Kramer（就是在加拿大第一年，為我得到適當工作而整夜代禱，又幫我寫信到第二所大學研究所申請入學的那位好友），特地到機場送行。這份誠摯的友情，在我寂寞的心路掙扎過程中，不但顯得彌足珍貴，更帶來許多精神的鼓舞。

海外宣教與服事

神卻揀選了世上愚拙的，叫有智慧的羞愧；
又揀選了世上軟弱的，叫強壯的羞愧。

~ 哥林多前書一章 27 節

奇妙的宣教旅程(上):
成為神恩澤非洲大陸的渠道

1971 年 8 月 14 日,自多倫多國際機場啟程,我隻身前往奈及利亞的 Enugu(依諾古),也就是曾造成死傷近百萬、舉世聞名的 Biafra(比亞弗拉)內戰的主戰場。就在抵達奈及利亞首都 Lagos 的國際機場那一刻,痛苦了五年的壓力開始紓解,三天之後就完全消失,那時我才百分之百確信,神真真確確地就是要我去奈及利亞為祂做工。然而做什麼呢?「凡是看到並自信能做到的,就全力以赴為主去做吧!」我心裡想。

第三世界與居民

雖然第三世界人口少的地方,尤其偏遠地區,還是個充滿人情味的和平世界;但人口眾多的地方並非如此。其動盪不安的原因,來自居住地被拔根後又被扭曲,與長期飢餓累積成的忿怒所爆發的力量。因此,若想到第三世界工作或服務,人文生態之常識乃必備條件。

第三世界又稱發展中國家,如同發展中的兒童或年輕人似地不懂得感謝,只一味要求利益和他人之援助,卻不知回饋與幫助別的國家或社區;若懂得感謝與幫助其他國家和社區,就算已躋身開發國家之

列，不再是開發中的國家了。與北半球相較，赤道附近的第三世界國家（除了經濟狀況較好的中東之外），其嬰兒死亡率（滿一歲前的死亡率）在北半球是以千分之幾計算，但第三世界，擇是以百分之幾或十分之幾來計算。經濟社會結構在北半球是很穩固的，但在第三世界相對地十分脆弱。台灣媒體對第三世界的報導與實地情況差距亦頗大。例如：非洲的發展大約比台灣慢一百多年，先進國家有的資訊設備，他們也有，只是數量很少而已。意即第三世界國家若要追趕上先進國家，就彷彿在凹凸不平的路上奔跑，常常有各種激變發生，很容易跌倒受挫。換句話說，第三世界很像是常有龍捲風或暴風吹襲的世界，動靜之間，瞬息萬變。因此要報導非洲的需要和宣教事工的代禱就很難，可能今天才寫出去的，明天就不應納入代禱事項。在先進世界可以一天完成的事務性工作，在第三世界裡，常因公文旅行而會拖延數月，甚至一年。但另一方面，以在先進國家社會的標準，終其一生不可能完成之所謂偉大事業，在落後世界裡，可能一、二年或三年就能完成。

任何偉大事業之完成需要適才、適所和適時三因素的相互配合，在大範圍裡，適所和適時是上帝掌握的，而適才亦不過是上帝安排使用的器皿。因此，在第三世界所做、才剛套上當地土著需要和文化習俗的工作，能像龍捲風似地席捲四方或像傳染病似地到處擴散，就是上面所述的現象。所以，在報導非洲宣教工作之成績時很容易誤導先進國家的讀者，包括台灣，而被誤認為超人或非常了不起的人物，不然就變成吹牛了。因此我在非洲時不敢輕易地報告自己的成績，除非是面對面溝通，才能附帶將背景和非洲特殊的情況說明清楚。

奈及利亞概況

奈及利亞為世界第七大產油國,其他資源如可可、林木、橡膠及椰子油亦產量豐富,是熱帶非洲最重要的國家,其人口之眾多與稠密居全非之冠。境內部族有將近二百五十個,伊博族(Igbo)、尤魯巴族(Yoruba)和豪薩族(Hausa)為其中三大族群,主要分佈地區為東部、西部和北部。

伊博族所在地區土地貧瘠,往往須全家出動才得溫飽。吃飯時不分老少,一起在飯桌上吃同樣的食物,以求獲得足夠的氣力來耕作。嬰兒都是由父母先將食物嚼碎後再餵食,所得到的營養與大人一致,絕少有罹患蛋白質缺乏症(Kwashiorkor)之問題。尤魯巴族和豪薩族的情況就不同,其嬰兒的死亡率在五歲以前是 2/3 ~ 4/5(大多數的死因出於營養不良、瘧疾和痲疹);存活下來的嬰孩中,又大約有 2/3 患有某種程度的蛋白質缺乏症,這種現象與他們的社會制度有關。

尤魯巴族往昔就處在一種戰國時代,各部落之間爭戰不斷,獲勝的一方把俘虜賣至北美當奴隸(今日美國黑人的祖先大多數就是來自西非)。漸漸地,弱勢的部族便就近聯合起來,共同抵禦強勢部族的侵略,形成了較大的聚落,尤如今日都市一般。此種都市化的社會生活型態自然就與伊博族的農業社會有所差別。伊博族人會將金錢首先用於購買食物,但因貧窮,故幾乎在前項的花費後,就沒有剩餘的錢了。而尤魯巴族為封建制度,社會上講究的是服飾禮儀,並不注重家庭飲食,導致幼兒的蛋白質缺乏症。尤魯巴族和豪薩族的土地肥沃,農事方面,由家中父兄負責便足以維生。吃飯時,得按照長幼勞動順序進食,最後是母親和小孩,只能吃到殘羹剩餚,且多為澱粉類的食物,因此嬰幼兒營養不良和蛋白質缺乏的問題相當嚴重。

　　在教育、宗教方面，以伊博族為中心的東部，在基督教傳入以先，為信仰精靈的 Ju-Ju 教，有殺嬰祭拜精靈的習俗。尤魯巴族和豪薩族多數為回教徒，基督教傳進這些地區的時間比伊博區域要早一百年左右，但可能因 Ju-Ju 教的組織不像回教那般嚴謹，因此反而是大多數的伊博族人先被基督化。隨著歐美傳教士的傳教，西洋的教育體制和理性主義在非洲開始扎根。伊博族因小孩不受蛋白質缺乏症的侵害和低嬰兒死亡率之故，不但人口眾多，且較為聰明（因為在嬰兒期沒有患蛋白質缺乏症，長期患此症的嬰孩終生智能大多停留在國中以下程度），生存競爭也較厲害。伊博族相信學校教育是出人頭地的管道，90% 以上的小孩都有入學。反觀尤魯巴族和豪薩族則因宗教關係，不喜歡把小孩送到學校，因此在智識上與伊博族差距甚大。伊博族因土地的貧瘠與生存的競爭，使他們早就向全國甚至全非洲各地去發展。他們以自身勤勉與聰明機巧的特質，在社會上利用其他二族之人。後來在東部比亞弗拉（Biafra，伊博族所在地）爆發之內戰，雖名義上是為了石油，但其形成之背景卻是肇因於營養和社會歷史的差異。

教育制度的改革

　　我在到達目的地之前，參觀了奈國第一所醫學院（University of Ibadan, Faculty of Medicine），當時的同伴中有一位是聞名全球之腦神經化學教授 Prof. K.A.C. Elliott，曾在加國最著名的馬紀爾大學（McGill University, Montreal, Canada）擔任生物化學系主任，並曾退休幾次，到奈國時剛過 68 歲的生日。這次的參觀幾乎讓這位退休幾次的教授目瞪口呆，因為醫學院課程的編排與觀念之陳舊，以及醫學院庫房裡堆滿了許多只是因小小故障而不能使用的昂貴先進儀器，這

種情況令老教授大為感嘆——為什麼還要再給他們錢或新儀器呢？最聰明的援助方式就是，派幾位醫療儀器的維修工人來修理那些儀器。此外，還不只醫學院，整個教育的觀念僅是在培養古典的英國貴族，而不是在培養以服務窮苦的社會大眾為目標的建國人才。這現象成了我心中苦悶的結，並且日後也經常為此事之合理性和同事辯論，在三個月後我違反了禁令（外國人不得寫文章批評當地政府），寫了一篇短文，對當地的教育觀念提出建言。短文的重點如下：

1. 奈國的教育制度，好像是在培養古典的英國貴族。這完全是脫離奈國現實環境的作法，並且和絕大多數非洲居民（或國民）的生活毫無關連。

2. 由於此種教育觀念，使得絕大多數學生的心態是社會大眾應該服務他們，而不是他們去服務社會大眾。

3. 奈及利亞社會的流動性越來越快速，意味著大多數的畢業生要遠離自己的故鄉，到異地工作，屆時將面對與校園生活截然不同的現實處境。

4. 因此大學教育的目標應該是在培養能服務絕大多數窮苦、知識不多的社會大眾的建國人才。

5. 大學既為國家明日棟樑的培育中心，大學內的教會亦是明日基督徒領袖的訓練場。但若訓練的內容不能與自己多數同胞的生活融合，將無法造就出良好的平信徒領袖人才。因此必須重新引導學生的價值觀念，才能使學生成為建設國家未來的人才。

這篇短文被朋友拿去油印，分送給許多人看，結果引起很大的迴響。在這同時，校本部（離醫學院 60 公里）的校長也發表一篇建言，

其內容主張內戰中遭到破壞的老舊校舍，應該重建成英國牛津大學的樣式，並引進牛津大學的學制和教育觀念。校長的論文和我的短文同時進入了大眾傳播網裡，形成強烈的對比。校長知道我寫那篇短文之後，暴跳如雷，下令把我遣送回加拿大。經過道歉信和醫學院長在內的許多資深教授和學校董事安撫之後，我暫時改為留校察看。

其實那篇短文的內容，奈國的學者們都講過，只是他們是以學術用語來表達，不像我使用的是一般人就能了解的通俗語言。此外，因為學校位於曾是叛軍的首府、在政治上極為敏感的地點；就在時間、地點已經成熟，教育革命風潮正要爆發之際，我成了那位點燃火種的人。教育革命就這樣引爆開了，老一輩、年輕一輩，相繼發表建言。大眾媒體包括英國之 BBC World Service（英國廣播電台全球報導節目），也加入報導的行列。我很快地就被夾在正反辯論的中心，整件事情變成最重要的國家議題，引起全國性的大辯論和反省。但是生性膽怯的我，很快地就從興奮變成驚嚇，幾乎連續五、六個星期，每天早上都收拾好行李，準備隨時被驅逐出境。

當時聯邦軍事政府總統 Yakubu Gowon 少將（與我同年，學歷是奈國 University of Ibadan 和英國 Sandhurst 軍校，是一位具有雄才大略，深具遠見與精明幹練之治國人才，相當受到年輕大學生的支持和尊敬的虔誠基督徒）把我的短文加上其他一些建言，用自己的名義發佈命令，下令：全國大學將統管為聯邦政府出資的國立大學；必須聽從聯邦政府之命令；儘速編定非洲化或符合真正非洲需要的課程；刪除殖民化的課程內容；教育體制由專才教育改為通才教育（直到大四才分系）。這是我去非洲不到二年就促成的改變，其他的非洲國家亦紛紛跟進。翌年，也是根據建言，奈國政府組織了國家青年服務團，

規定所有大學生畢業後須服役一年，每個人將被分派到最遠離家鄉的跨文化與異宗教地區服務，使南部畢業的學生到北部，北部的畢業生到南部，藉由南北交流而有深入體驗不同環境的機會，進而得到更多適應與事奉的訓練。

最後的結局是，我沒有被驅逐出境，而恨透我的校長也無能將我遣送出境。不過，從此以後，我不敢再違背禁令寫短文。教育革命的風潮繼續吹到全非洲的教育機構，影響的範圍已遠遠超出我所能想像。

奈及利亞大學

奈及利亞大學師資的學經歷和國內大學差不多，意即到任何落後國家大學擔任教師的要求，與先進國家的大學一樣嚴格。奈國的大學生沒有像台灣日間部大學由你玩四年的福氣，其用功程度亦不亞於任何國家的大學生。先進國家與落後國家大學之差異在於，資金充裕度和教育設施量與人口比例之多寡而已。年輕的大學教師之研究題目，大都延續研究生時代之題目，只有年長的教師才比較有研究和解決他們國內問題相關之題目。因先進和落後國家之經濟社會型態相差至少一百年，如果研究題目是針對解決國內問題時，雖然研究方法是先進的，但結果只適用於落後國家，而被認為與揚名全球的研究失去關聯。但有趣的是，越想成名的通常得不到機會，越不想成名的反而成名。

另外，大學的考試制度在每一課程教完之後，會延請其他大學的教授擔任主考官（如果是醫學院，通常聘請的是劍橋、牛津、倫敦三大名校的教授，意謂著非洲大學畢業生的素質不輸於任何英國大學畢業生），也就是自己教出來的學生須通過他人出題的考試才能算為合格。

　　奈及利亞至少有二百五十多個部族，如嚴格細分將有更多，每一部族都具有其特殊語言和文化。有的部族如伊博族非常優秀，因此如果按照入學考試成績入學，那麼大學生可能清一色都是伊博族人。為了公平，使大學附近各部族子弟都有機會進入大學，大學新生之基礎背景，以入學考試平均分數最低 35 分到 95 分不等，因此授課時，為了顧及基礎差的學生不得不設計許多比方（example），學生發問也很踴躍，因此學生、老師之間的攻防戰就相當激烈、有趣。

　　1971 年 9 月我初抵奈及利亞時，因內戰大學重新開放不久，校園內彈痕累累，一切都非常克難。109 名醫科二年級生擠在原先設計給 40 名學生使用的教室；學生沒有書可看，所用的僅是他從加拿大帶來的那幾本；使用的黑板、桌椅，以台灣的標準來看，早就是垃圾桶裡的東西，但師生們仍都賣力的上課。兩年後的醫科晉級考試，主考官是來自英國倫敦大學的教授，竟然有 104 名學生通過考試，其餘補考的亦及格了，這使倫敦大學教授大為驚訝，因為那是他從未經驗過的成績，在奈國史上也是頭一遭。

奇妙的宣教旅程(中)：
使黃豆成為非洲主要食品

　　奈及利亞全國可分為雨林、沙漠及草原三種地理型態，對於人體必需的蛋白質來源，沙漠地區的居民有牛奶、羊奶及肉；草原地區則有玉米；唯獨雨林地區的居民長期僅能以只含澱粉質的樹薯為主食，普遍缺乏蛋白質，健康情況惡劣，約有一半的幼兒未滿一歲即告夭折，即使存活下來，也多患有蛋白質缺乏症。其外表的症狀就是，細細的腿桿上挺著大肚子，或是虛胖的樣子。貧富差距懸殊是第三世界所面臨的嚴重問題，加上宗教信仰上的迷信，所以要以肉食補充蛋白質的想法根本不切實際。

突破營養改善瓶頸

　　當我那篇教育改革建言的短文被印出來不久之後，有一位奈國天主教的神父來拜訪，並且稱讚那份建言非常具體可行。向來不了解也不諒解天主教的我，在神父面前慌張得不知所措，但這位 Dr, Johnson Ojiako 神父（30 歲時就在奧地利尹斯布魯克大學拿到神學博士，是一位非常優秀的神學講師）卻是影響我日後研究黃豆成為非洲主要食品的恩人。Ojiako 神父曾將所有的財產用於救援內戰後更形嚴重的蛋白

質缺乏症的工作，最後因財產耗盡而不得不停下來。因為神父對自己同胞的義舉以及對我的友情，深深地感動了我。

而就在同一時期，我參加奈國科學年會時，有人提及把黃豆和當地育嬰用的玉米粉（是經過醱酵脫去不能消化的部分，但同時也脫去貴重蛋白質，幾乎沒有營養價值的玉米粉），一起製造成高蛋白的育嬰食物，是一種食品工業產品。我懷疑經過工業製造過程的產品，必定是價格昂貴的東西，不可能在貧窮的土著裡普及。於是提出建言，在亞洲黃豆一向是主食的一部分，可以做成豆漿、豆腐、味噌等，但不需要經過那麼精緻的工業過程，是否有人注意到這一點？得到的回答是不知道。於是我決心投入黃豆的研究，研發出可口的菜單，讓所有窮人家庭，就是原始廚房也能做出來的東西。

使用黃豆解決蛋白質缺乏症的構想，早在八十年前就有宣教師提到。黃豆的原產地是在大陸東北，約一百年前駐在滿洲的美國宣教師，在他們回國時把黃豆帶到美國試種。八十年前另一位美國宣教師，將黃豆從美國帶到非洲，試種成功，但要使非洲人喜愛黃豆，在我來到非洲之前 25 年都沒有成功過，是所有差會及國際團體努力很久卻仍不見果效的工作，其主要原因是介紹方式的不當，以及黃豆在熱帶地區會有更濃的草腥味和苦味的緣故。

任何到跨文化地區工作的人，夜晚時會愈覺得異常寂寞。這種情況在文化差異性越大的地方，感受程度越強烈。異常寂寞的夜晚常使人回憶起故鄉的一切，也就會更愛國愛鄉（華僑的愛國情操優於本國國人，由此可見），因此向非洲人所介紹的，通常就是宣教與服務人員家鄉調理的方式和菜單。但非洲人最喜歡吃的是非洲菜，除非有豐富的國際經驗，沒有人願意嘗試異國風味料理。事實上，任何人一生

中最喜愛的口味往往在五歲以前形成，通常就是媽媽所煮的口味。再者，有許多廚具對來自歐美宣教師是不可或缺的，例如烤箱，其價格甚至比窮苦的非洲人居住的茅草屋都要昂貴許多。其次是黃豆油氧化分解物所造成的草腥味和苦味，因氣溫越高之地，黃豆內氧化酵素的作用力越強，故在熱帶非洲不容易受到歡迎，去除草腥味或苦味的方法雖然目前已簡化很多，但在當時是最棘手的難題。

我的黃豆食品發展經歷了一段曲折而奇妙的過程。當初因為不懂豆漿、豆腐等之製法，於是寫信給日本駐奈及利亞大使重光晶先生和夫人，他們是我剛來奈國不久，在內戰後的首屆大學畢業典禮中認識的。當時日本大使曾談到日本對重建大學有意援助……等話題，然而跨文化的國際援助談判常因跨文化的誤解（cross-cultural misunderstanding）而陷於僵局。但由於我有居住過日本的背景（會講標準的日語），又在受援大學裡教書，於是很快我們就變成親密的朋友。我寫信給日本大使，請求大使安排大使館的廚師教導豆漿、豆腐之製法，再用來發展非洲人能接受的黃豆食品。大使夫人馬上回信，並招待我到日本大使館四、五天，由大使館之醫務官涉谷敏朗博士（Dr. Toshiro Shibuya，1997 年自日本東京帝京大學醫學院動物醫學系退休後，到非洲的偏遠地區行醫）負責吃住，每晚大使公館還設宴招待。

在那裡除了有廚師細心教導豆漿、豆腐之製法外，大使夫人還安排我去見奈國營養專家 Mrs. Williams。但是 Mrs. Williams 對我並不表歡迎，反而用非常嚴厲的口吻表示，任何介紹外國菜的方式，絕對行不通，如有誠意，應該請求駐在地州政府裡的食品營養專家們協助。只有非洲式的黃豆食品才有被接受的可能。於是我開始努力邀請州政府衛生單位裡的營養主管 Mrs. Ifeacho（她同時是公衛護士），但她

也不歡迎我。Mrs. Ifeacho 說，黃豆的問題是所有的專家、國外來的團體都試過卻失敗的問題，以一個食品營養學的外行人（我是生物化學講師）又能做什麼？但我說還沒有看到、嚐到之前，她怎曉得行不通？何況她的辦公室和醫學院教職員宿舍並不是很遠，我很願意提供她來回的計程車錢。可是 Mrs. Ifeacho 總是回答沒有時間，以後再談。儘管如此，我不灰心，繼續拜訪，直到第六次她終於答應，那一天下午到我家廚房來看製作黃豆食品。

事先泡水一個晚上的黃豆，顏色是黃色，但加入一兩倍的水在果汁機裡混合時，因黃豆中的脂肪與水混合，會馬上呈現出乳白的顏色。Mrs. Ifeacho 見此，就要我停下來，因這和非洲人早餐吃的 cowpea（black eye pea）很相似。於是我就停止接下來要煮豆漿和豆腐的步驟。Mrs. Ifeacho 用那乳白色的豆漿開始製作非洲式的早餐，經過幾次失敗（因黃豆缺少澱粉，不能自行粘合成團），她加入蛋汁粘住，再油煎成 Akara ball。這種 Akara ball 我不覺得好吃，但 Mrs. Ifeacho 則讚不絕口，她說從來不曉得黃豆會那麼甜。她那一天非常高興地回去了。之後很快地就成為我的同工。我認為雞蛋太貴，於是以麵粉代替，作出同樣的 Akara ball，送到州政府農業單位和衛生單位給主管和資深人員試吃，農業研究發展部主任 Mr. Willie Achukwu 非常喜歡，馬上答應訂購一公噸的黃豆讓我用作研究發展，條件是要盡早做出東西來。不久，來自各地婦女界的菁英（她們都曾經有留學歐美經驗）紛紛自願過來充當研究助手，有一段時間，我的單身宿舍變成分不清是婦女俱樂部或研究所的地方了。

每天都有婦女界的客人，因有一公噸黃豆可以自由贈送給客人（要多少就給多少），不到三個月就做出三十多種菜單，當中專門從事偏

遠鄉村地區督導公共衛生的護士 Mrs. Grace Onowu 的食譜最好，最為所有非洲人，不論貧富所接受。因我有生化學專業，能分析解釋發展非洲式菜單成敗的原因和要點，於是一向被認為外行人的我，很快就搖身一變成為眾多婦女的指導教授。

所有菜單中最成功的是西非式的黃豆粉，摻入非洲主食（飯）裡，不但能保持原味和口感，甚至更好。它的製法既簡單又適合西非的環境：將黃豆浸泡在清水四小時後，煮半個鐘頭，在西非乾燥期的氣候下，曝曬一、二天（西非的乾燥期，風從沙漠吹來，濕度會降到 20 度以下），然後磨成粉末。草腥味和苦味經水煮半小時後，會被抽掉和蒸發掉，留下一些蔗糖的味道，使摻入黃豆粉的飯（樹薯粉、太白粉、玉米粉，或高粱粉做成的）更為香甜，而來自樹薯粉的苦味也會被沖淡，因此根本不需要告訴婦女們黃豆是高蛋白食物，只要向她們示範一次，當天開始，黃豆就成為她們家庭中主食的一部分了。

發展非洲式黃豆食品的時間，正好遇上西非大旱災所引發的大饑荒時期，因此可以黃豆來解決的消息很快就傳遍西非各地。這時期的發展經費幾乎都是自掏腰包[1]來的，因我所領的薪資只相當於大學剛畢業學生的初薪，而做的工作性質與忙碌程度遠比最高薪公務員的工作還要多而且重要，因此也自成模範作用，使所有參與發展工作的婦女

---

[1] 自掏腰包的原因：在 1971~73 年間由於重建中的大學本身有許多問題，根本撥不出經費做研究。在 1973~75 年間是因我當時是病理化學系的講師（相當於我國助理教授），而黃豆食品的發展應該是家政師或廚師的工作。大學的會計師無法理解為何病理化學講師要去從事屬於廚師或家政師的工作，而以不務正業為由拒絕撥款，也阻止我申請外國機構之援助金（那時瑞典政府和加拿大政府都寫信要我申請）。類似上述的阻力對於有使命感的宣教師，是常會遇到的事。

們也都自掏腰包。為此，我常常感謝神，使用我去完成別人或別的團體做不到的工作，並且每一件事的影響都關係到幾千萬甚至幾億人口的福祉。

甲狀腺腫的問題

由於發展和推廣西非式黃豆食品的工作異常成功，黃豆食品有副作用的傳聞也開始出現。因黃豆本身含有引起甲狀腺腫的因子，雖可經高溫消減，但也不能完全消除，亦即黃豆吃越多，越有可能得甲狀腺腫（goiter or struma）。其實甲狀腺腫只須在食鹽中加碘即可治療或預防，不過加碘的量不能太多或太少。事實上所有非洲食物都或多或少含有引起甲狀腺腫的因子，不光是黃豆而已，因此，蛋白質缺乏症、貧血和甲狀腺腫都是熱帶的風土病。

當時在奈及利亞誰都知道發展和推廣西非式黃豆食品的工作是由我所領導。如有任何差錯，責任自然都推到我身上來，但在非洲由於研究設備差，資訊缺乏，加上加碘（iodine supplementation）的適量問題在當時全世界都沒有記載，因此我不得不到非洲以外去尋找。我離開非洲，先到歐洲、加拿大休息一段時間後，再到美國幾個大學圖書館尋找有關的資料，結果都沒有找到，因此下定決心要從事加碘適量公式的研究。

當我到日本京都訪問另一位曾幫過我大忙的朋友立石昭三醫師[2]，

---

[2] 立石醫師和我同年，曾經在日本海外醫療服務書信裡透露他的心聲：很想到非洲服務幾年。立石醫師寫的東西，我在非洲看到就馬上寫信告訴他說：「今夏 (1975 年) 會到日本京都參加國際營養科學會議，那時請來找我，因為是有許多門路可到非洲服務幾年。」立石醫師邀請我在參加會議期間住在他家，我和立石醫師在聊天中發現彼此具有同樣的出生背景：立石醫

他帶我參觀訪問他的母校京都大學醫學部，並介紹他的同班同學系川嘉則教授。系川教授曾聽過我在非洲的黃豆食品發展工作，因為我1975 年在東京大學講學時的講稿已被整理成論文，並成為日本各大學食品營養學科裡食品生態學的指定參考論文或教科書之一部分，因此他特別有興趣從當事人口中聽取更多消息。

　　系川教授問到我將來的研究計畫，在了解所有情況後，建議我來使用他的衛生學教室，好將計畫完成。於是我決定三個月後再到日本京都，接受系川教授的指導，從事加碘適量公式的研究。雖然系川教授未能替我安排食宿的問題。但我覺得神已經開路，而立石醫師也在我回京都之前，向朋友借到在京都大學附近之日本式房間免費給我使用一年，生活費用則靠我在非洲的儲蓄。系川教授為我準備了一百隻實驗白老鼠。一向膽小怕老鼠的我，從此一年中，天天調配實驗的飼料餵養白老鼠，並從事活體（麻醉後）解剖，檢查白老鼠甲狀腺的大小。

　　我在大學附近找到主日晚禱裡需要司琴之教會，教會牧師待我如貴賓，也介紹我到各個教會，使我能有機會到各地見證神在非洲的工作。在那段時間，我經常和那位牧師交換我在不同教會當中的觀察，包括討論我對日本在宣教上的見解[3]，日本各教會對我之尊重與華人教

師 (胸腔科) 和他的夫人 (小兒科醫師) 都在台灣出生長大，是戰後回到日本的基督徒。他們在台北的教會是日本聖公會台北大正町教會，那是目前台北中山基督長老教會的前身，是父親郭馬西牧師在戰後從日本回國後接手的教會。而且立石醫師在中學時代曾見過我父親。這麼有趣的巧合，使立石醫師和我馬上成為密友，並且成為我日後的幫手。

[3] 日本之宣教問題，在日本國內基督徒總數（包括天主教徒）還不到全人口的百分之一，雖然如此，基督教在日本社會之影響力，使其仍被稱為日本

會對我之冷漠，形成強烈的對比。雖然先知在自己家鄉是不受人尊重，但我想，真的需要如此嗎？

　　一年過去，論文報告也出來了，我就回來台灣，希望找到另一半後再到非洲，但非洲情勢並不那麼樂觀，可以慢慢地等論文發表。因此我先用信件發表部分的內容，結果卻觸怒了學術雜誌社，使通常投稿後兩年內會出現在學術雜誌上的論文被延遲了六年才登出。但在獲知非洲醫學機構對我的研究有如獲至寶的消息時，我對非洲的使命感頓時消失了（或解除了）。於是我開始全心關注台灣家鄉的問題，如教育、環保、教會和宣教等議題。

非洲之醫療制度

　　非洲的正式醫療人員有四分之三集中在大城市，其餘四分之一多分散在小城鎮，偏遠地區除了零星的宣教醫院或診所（mission hospital or clinic）以外，看不到正規的醫護人員，公共衛生幾乎還未

的三大宗教之一。日本在派出跨文化海外宣教師的總人數，也足以使基督徒人口數倍於日本的台灣教會汗顏。在台灣的日本宣教師總人數遠比台灣教會派到海外的跨文化宣教師人數多上幾倍。日本國內宣教工作沒有進展的原因之一，按照他的看法是基督教在日本，還未日本化，基督教的神學，教會內文化，宣教文化只能套上被西化的日本人，跟傳統的日本人一點關連都沒有，日本人認為他們已充分西化，但在外國人的眼中，日本的洋化頂多不超過一成，只是表面的洋化，骨子裡還是傳統的日本人。這些見解常發表在受邀時的演講裡，當然日本人是很不服氣，但我常以日本教會過聖誕節的方式作比方。在聖誕慶祝節目裡出來表演的全是西化的東西，從不曾看過或聽過有傳統日本文化的節目慶祝聖誕，例如日本傳統舞蹈（只能在神社和九州長崎附近之天主教會才能看到），詩歌、樂器表演等，結果每次都是哄堂大笑後不再有抗議聲。

開始。80% 以上人口還無法受惠於現代醫學的恩澤。非洲是那麼落後，醫療人員是那麼缺乏；新酒要裝在新皮袋裡，舊衣無法以新布片來補綴（路五 36～38）。

關於新生兒死亡率根本沒有可靠的統計，聯合國 WHO 的統計也是靠當地政府提供，並不可靠。有一次在離大學醫院三公里的村莊調查，新生兒出生後在三個月內死了一半。事實上，出生後一年內死一半，五年內死亡五分之四是司空見慣，我在公共衛生的教學中這麼說，沒有一個學生有異議。只有政府官員抗議，因為那關係到面子問題。

至於外來的援助，事實上往往是越幫越忙，只會使富人更富，貧者更貧，印度農業就是最好的例子。當地人口多，糧食不夠，每年餓死的不少，美國存好心，以新機器、新技術來援助。用了美式農耕機器，產量當然增加，但結果卻是使地主更富，佃農失業、更貧，因為使用機器後，就不需要那麼多的人工了。

另外還有消滅瘧疾的例子。台灣以 DDT 消滅蚊子，解決瘧疾是世界聞名的，WHO 想在馬來西亞如法泡製，就派專家請台灣的工作人員協助。可是事情並不那麼簡單。馬來西亞有廣大雨林，其間有的空間便是村落的所在。問題是雨林中的蚊子與村落中的蚊子不同。村落中的蚊子與台灣是同性質的，牠們會停留在房屋的牆壁或周圍的樹木上，很容易被 DDT 撲滅；但雨林中的蚊子不同，叮咬了人之後會直接飛回雨林，不會被殺死。因此使用 DDT 的結果，只殺死了村落的蚊子，以後雨林裡的蚊子沒有競爭對手，就更大舉入侵，瘧疾反而更流行，因為雨林太廣，無法有效地噴灑 DDT。

留學歐美，學習最進步的學問和技術，未必到處適用，有些人反而顯得無用武之地。這種種事情，台灣的同道也可以好好考慮。長時

間也許不容易，可是五年到非洲工作，實在是值得一試的有意義工作。

無論傳道或醫療援助，都要配合當地的情況才能發生效用。其實，保羅老早就強調：「對猶太人就成了猶太人，對希利尼人就成為希利尼人。」非洲的現況是這麼落後，必須找出一個能配合它的對策。這新對策的提案者是一位美國醫師，本來是外科，但深感公共衛生的重要性，好幾年來就專門從事這方面的工作。他的新對策就是把公共衛生的常識加入民謠裡，夜裡大家圍繞著營火，一起歌唱，真是了不起的方法，也確實配合了非洲人的日常生活。

為了推動這項工作，從各部落選出適當的學員，即 20 歲以上、已婚、有小孩、口才人緣好、受人尊敬之女性。將這些人集訓三個月，教她們二十種主要疾病的診斷和治療。因為她們已在村莊裡生根，不會輕易離去，加上人緣好，所以可以大大發揮其能力。結果，她們能夠診療 80% 的單純病人，其他 20% 的病人送醫院。她們在營火旁以故事的方式為民眾作衛生教育醫療，歌舞的內容也加入衛生知識，極具果效。此外，他們也從小學畢業生（大約 15、6 歲）中選出衛生工作人員，叫作醫療助手（medical auxiliary），可以做些簡單的醫療。從前派遣留學生到歐美都失敗，因為他們大多數是一去不返，對於改善非洲的情況並無助益。

1978 年，非洲西部有了十幾名華人醫師在工作，都是教會派去的。大約一半是新加坡去的，一半是美英等國去的。台灣教會在這方面應多加努力，不要落於人後。我曾強調偏僻地方問題多，特別需要人才，對於三流人才流放海外已經是落後的思維。

除了被歸類為白人統治（1980 年止）的南非和辛巴威，醫療程度一般人認為是西非高於東非，事實上卻是東非優於西非。東非之醫療

制度以肯亞最具代表性：一名醫師分配有若干名醫療助手（現改名為 Clinical Officer，其程度相當於台灣光復前，日據時代之醫專畢業生，在肯亞為大學四年畢業，具有 Bachelor of Medicine 之學位，正式醫師之學位則是 MBBS: Bachelor of Medicine, Bachelor of Surgery），再往下各有正式護士、助理護士及醫檢師等。東非政府憲法規定，所有醫療人員（包括助理護士、醫檢師等）可以開藥單，因此通常他們有內規，規定各級人員能開處方之範圍，最棘手的問題則讓正式醫師處理。醫療助理與正式醫師皆可自行開業，由於法律的保障，資深護士兼任醫師的工作是很普遍的，尤其是常見的風土病，大都由護士來解決。非洲醫生與人口比例大約是七、八千人才有一名正式醫師，東非地區正是由於以上之制度，其全體國民方得享有優於西非的平均醫療品質。西非到十幾年前為止，都是只有正式醫師才可以開處方，醫輔人員的訓練也比東非差。

奇妙的宣教旅程（下）：
校園福音事工

　　雖然奈及利亞東部人口絕大多數是基督徒，但問題也不少。當地傳道人的平均教育程度，除了天主教神父、修女外，很難超出大學二年級程度，大學畢業生因會威脅到低學歷傳道人的尊嚴，而成為各教會不受歡迎的人物，常常一畢業就找不到適當的教會而遠離教會。

校外服事活動

　　對此，我想出一個方案：選出比較優秀的基督徒學生，說服他們不要在校園裡專為大學生設立的教堂參加主日崇拜，而請他們到附近各教會做服事性的工作（如教主日學）。當時的教會都有幾百到幾千名兒童主日學學生，教兒童主日學的重擔卻落在中學生的身上（亦即根本不受重視），師生比例在當地是 1 比 100，因此除了拍拍手唱歌之外，什麼也學不到。大學基督徒校外服務隊的構想，主要是讓比較優秀的基督徒學生，到鄉村或知識程度差的教會服事，使他們先去認識問題，而他們無法解決之問題，帶回校園共同研究對策，並且學習如何與知識不多的校外基督徒溝通，以協助對方為目的。這樣或許能為他們解決畢業後找不到適當教會或不受歡迎的困境。

經過一年的說服、辯論、祈禱，第二學年開始，有 20 名醫學院的學生認同，願意試著到校外教會服事，不久法學院的學生也加入。醫學院和法學院學生在非洲環境裡可以稱得上是菁英中的菁英，這些參與校外服務隊的學生好像在年少兒童身上找到了他們一直尋找的認同對象似的，很快就接受了我努力一年的說服內容，並且能自動自發。因為是菁英中的菁英份子開始從事一向不受重視的工作，因此不久也帶動了大學生以外的年輕基督徒，使服務性的教會工作很快就成為年輕人爭取的對象。兒童主日學的師生比例，從 1 比 100 降下到 1 比 20，而主日學老師在教會中的地位也成為僅次於或甚至高於講道者的人。在這同時選擇鄉村小教會的學生越來越多，且以越到偏遠艱難的地區越覺得光榮。

上述的工作一向是差會宣教師們無法做到的事，上主卻使用我，一個簡單的平信徒，來衝破宣教事工上之瓶頸。當然大學生的工作問題每一地方都不相同，但能使學生早點體會到助人為快樂之本，應該是國際性的共同問題。

兒童主日學視覺教材

兒童主日學裡使用的圖片，清一色是歐美教會生產的東西，在歐美行得通，但在非洲可能就會造成無限的困擾，甚至反效果。例如：天使和撒但，天使通常使用白皮膚的男女裝上純白顏色的鴿子翅膀（翼），而撒但則挑選黑人裝上蝙蝠翅膀，這在白人和黃種人的世界可以行得通，但在黑人非洲卻會引起不良的反應，甚至是暴動。聖經人物也清一色是白人，而很少有其他膚色的人物出現。其實這都是非常可怕的錯誤或不尊重聖經歷史真實的作法，聖經時代的人物居住

地是今天的以色列、埃及、約旦、敘利亞和伊拉克，住在這裡大多數人的膚色是棕色，而不是白或黑（如聖經人物是白人時，非洲人會說基督教是白人的宗教，不屬於他們），因此兒童主日學聖經圖片裡的人物應該塗上棕色膚色人種的顏色。但改變膚色為棕紅色，這件事所牽涉到的問題何其廣大。原來出版商都有版權，不喜歡膚色被改，且受到當時宣教團體冷漠的對待。但要重新繪畫，我又不是學美術的，努力多年，結果仍歸於零。只希望年輕一輩的，能繼承這工作。我在1993年去東非肯亞一個月時發現，那裡的兒童主日學已沒有什麼聖經圖片輔助教材，教會書房也等於沒有賣，如果有，那些圖片對非洲兒童也太難了，根本派不上用場，會畫漫畫的人才，日本、台灣兩地應該最多，但都找不到；或許是因為宣教事業是只求奉獻，沒有什麼利潤可言，所以乏人投身參與吧。

其實不單是基督教教育的輔助教材，我所有的服事工作在第一年都受到差會或宣教團體宣教師們的冷嘲熱諷，認為我是外行充內行，許多他們都無能為力的事，我怎麼可能做得成功呢？但神卻使用我做成了。因此，我認為就如哥林多前書所說的，神總是揀選人看為愚拙的，去完成聰明人做不到的艱困工作。

華人教會領袖

目前華人教會開始興起海外宣教的異象，但其對象絕大多數還是在海外同文化的華人。跨文化海外宣教似乎還停留在起步的階段。但有些往事值得提起，我先請求讀者原諒我以親身經歷描寫華人教會差傳單位領導階層的心態。

我在1979年將離開非洲之前，曾經幫忙招待了兩位來自香港華人

差會的客人，他們是奈國華商出資，請來西非各地參觀跨文化宣教的工作，期望爾後能以文章報導實際情況，使年輕基督徒踴躍投入宣教行列。他們兩位都自稱為駐香港之海外宣教師，其中一位是香港出生，香港大學畢業之華人，到國外留學取得博士學位與外國國籍後，返回香港擔任外國駐香港海外宣教師。他們二人在抵達奈國後一、兩天內，不只一次異口同聲地向協助招待的我潑冷水，說華人教會從來不承認我，也不承認參加 CUSO 到海外的基督徒為海外宣教師。但我不反駁也不作聲，仍繼續協助他們的參觀活動。然而他們的傲慢無禮終於讓我說出了心聲：我並不需要華人教會的承認，就是沒有華人教會的支持，我已在非洲八年且完成不少任務，也快要暫時地離開非洲，而華人教會到底做了什麼？是否連開始（跨文化海外宣教與服務）都還無法開始呢？即便是開始了，不會有失敗嗎？不會做錯嗎？成績會如何？

　　在 1971 年將要離開加拿大時，有位青年對我說：「最要緊的是清楚神的旨意，如果神要你到非洲服事祂，而加拿大人沒有為你代禱，神也會興起非洲當地基督徒為你代禱。」（事實上，在非洲確有不少基督徒為我祈禱與協助我的工作。當中有許多是大學生，也有天主教的神父和修女）因此自己同胞的支持與否並不重要；重要的是，在任何情況下，是否能持守基督徒的原則。自己的同胞潑的冷水和侮辱遠多於鼓勵，但神深愛我，揀選愚拙的我去解決關乎億萬人口安危之問題。

　　此外，我在異鄉因過分寂寞又得不到伴侶而叫苦連天，有好幾位華人教會的領袖和名牧師幫忙介紹牽線，其中兩位小姐還有精神分裂症，她們能適應非洲的環境嗎？有位大名鼎鼎的華人環球佈道家曾在非洲和我一起生活一週，後來他從台灣寫信介紹三位小姐給我（當中

有一位為非基督徒），所提供的資料只有她們的年齡和職業，其他一概沒有，也沒有照片，就問我要選哪一位？這位大佈道家後來還大發脾氣，責罵我只會挑選大學畢業的、漂亮的，於是我回信請這位大佈道家不要再介紹了。我是一位大學教授，在非洲英文世界（奈國的國語是英文）擔任宣教工作。在台灣通曉英文的小姐大都是大學畢業，難道一位基督徒大學教授沒有資格希望和精通英文的基督徒小姐交往嗎？何況台灣和非洲差異那麼大，需要許多適應和學習，具有大學畢業之頭腦應是必備的條件吧。

1979 年 9 月我離開非洲，回加拿大途中，在英國訪問一位內地會退休宣教師姚如雲牧師（Rev. Gordon Aldis）。姚牧師是我高中時代教會的牧師之一（當時，我在同一主日擔任三間教會的司琴），當我們談到華人教會差傳事工時，姚牧師臉色一變，且直截了當地說他不願意再聽到或收到任何華人教會差傳事工的任何訊息或月刊。他那麼有誠意幫忙，那麼簡單的事，但華人教會領袖不肯虛心學習，不聽規勸，明知不可行，卻執意孤行，叫人如何為他們代禱。

華人教會有名望之牧師多集中在大都市，因此去到比台灣鄉下更落後國家工作的牧師，就被視為是最差勁、最沒出息、最沒有資格的了。這些都是我的親身經歷，雖是幾十年前的往事，但由於華人教會跨越文化的海外宣教一直由外行人領導、指揮，到如今並無太多改變。同樣的事件不斷地上演，我相信，近年出發到落後世界宣教與服務工作者，必定會再遭遇同樣的挫折。除非跨文化海外宣教領導中心領袖能由具有多年實際經驗者取代。

來自丹麥的宣教師

宣教師與普通人一樣，在跨文化環境中很難擺脫原先的生活方式，也不容易去降低他的生活品質，若有家室者更難。許多美國的宣教師在貧窮落後的世界，照樣使用從美國進口的大型轎車為交通工具，家裡雇用了好幾位佣人，其生活程度在自己的國家只能算是小康，但在落後世界卻可算是富豪生活。因生活花費和方式與當地人差異過於懸殊，若在態度上不謹慎，很可能就會被誤解為財大氣粗，和當地人的關係很容易就淪為有錢人和追求他錢財的……。

在歐美，北歐的丹麥人和東歐的斯拉夫民族一向被認為是最親切友善的民族。他們絕大多數還過著農民的生活，尤其在丹麥，全國只有平原農地和海，最普遍的交通工具是腳踏車。他們到落後世界的生活方式和程度，與在自己國內情況相似，和宣教地的差距小。在奈及利亞，丹麥的宣教師通常被安排在最仇視基督教的極端保守回教地區。由於他們善良的臉孔與友善的態度，常在保守回教地區受到歡迎，甚至當所有基督教醫院被回教的地方政府（州政府）接管或沒收時，回教政府或領袖不願意丹麥宣教師離開，於是往往變成醫院是回教政府出錢經管，但所有內部事工照舊，甚至有的還掛著原來的招牌（或只去掉基督教三個字），宣教師照樣可以傳基督的福音。

我想這樣的情況若換作美國宣教師必定會出事。因此我也深信，神必然會安排台灣來的宣教師到別的宣教師無法完成的宣教地，去完成主的工。

泰北──阿卡族宣教

宣教的中空地帶

泰國北部和寮國、緬甸邊界的交叉處是所謂「金三角」。曾經聞名於世的毒品大王昆沙（他的中文名字是張奇夫），其軍團司令部就設在金三角附近的滿星疊。昆沙的軍隊（據當地人告知曾擁有過十萬名，大多數幹部是國軍舊部或曾在台灣受過訓練者，其士兵絕大多數是當地性情非常溫和又善良之少數民族。）分散在以司令部為中心方圓 50-100 公里處，同時教導當地少數民族種植鴉片。

1996 年 6 月昆沙軍團受到緬甸佤族軍隊（緬甸佤族軍校教官至少有一位是國軍退役高級軍官）和泰國政府軍的攻擊，昆沙向緬甸政府軍有條件投降（緬甸佤族軍隊和緬甸政府軍之關係不密切），特別感謝幾位我們台灣基督長老教會泰雅爾中會之兄弟姊妹，以及其他幾位曾經是長老會出身，但目前屬於獨立教會之泰雅爾兄弟姊妹，當中近半數是淡江中學校友，他們開始關心金三角舊昆沙地盤，現恢復為宣教中空地帶，屬於跨文化海外宣教的工作。神帶領他們關心的對象是喜歡住在山上之少數民族之一──阿卡族（Akha tribe），他們的總人口數約 180 萬，分散在泰國最北部（8 萬）、緬甸中北部、寮國，和中國雲南省。

泰國境內 8 萬名阿卡族沒有泰國的國民身分證,是法外之民,非常貧窮,絕大多數都沒有受過教育,直到現在,泰國政府仍然對他們採取自生自滅的態度。據泰國最北部清萊市(Chiang-Rai)基督教醫院(Overbrook Hospital,市內第二大醫院)院長告知,泰國政府無意關心他們,如果有泰國國民向他們(阿卡族)伸出援助的手,目前仍被認定是非法的行為,因為阿卡族是法外之民。故此,如果台灣的醫務人員要求關心阿卡族,並不需要先取得泰國醫療執照,但重病的病人可以介紹來基督教醫院救治。絕大多數的阿卡族不通泰語和華語,因此在政府醫院裡常有醫師與病患之間無法溝通的現象。泰國基督教會也囿於諸多因素,一直是心有餘而力不足的狀態。

被神呼召來到這裡關心阿卡族宣教工作的兄弟姊妹當中,到目前為止還沒有任何一位是長老會的神職人員,因他們在長老教會體制裡很難得到認同,但這次至少有一位長老選擇辭去長老身分,變賣部分家產,來到泰北參與沒有收入的宣教工作。

這幾位來自不同教派的弟兄(雖然絕大多數出身於長老教會),來到禾場(泰北宣教地),組織了跨教派之讚美福音團契(Praise Gospel Fellowship),向泰國基督長老教會第二教區註冊,並受教區之保護。教區對他們如同得到至寶,在各方面都極力協助,但因得不到台灣長老教會體制內之認同,經濟狀況一直都處在破產邊緣,然而他們的工作成績卻非常驚人、輝煌。幾個月前,泰國政府透過泰國基督長老教會第二教區捐助 20 公頃土地給讚美福音團契,並委請他們成立戒毒所。但因他們對戒毒工作沒有經驗和經費,一直不敢接受好意。

和讚美福音團契得以認識,是去年 5 月間在省政府衛生處舉辦之山地鄉護理長研習會裡,我受邀為講員之一,而讚美福音團契在台灣

的主要負責人泰雅爾中會五峰教會林清勇長老的夫人（為五峰鄉衛生所護理長），剛好參加研習會，而且在現場購買了拙作《為主走天涯》（上冊）和《猶太人之父母》。三個月後，我收到林清勇長老來信訴苦，於是我和他見面認識，並答應去年年底和他一起到泰北探訪。出發前我的內人林媽利醫師也志願參與，她近十年被列名於「世界名人錄」，是體弱多病之寶貝型醫師兼教授，她過去出國的經驗大多是居住五星級飯店，從未到國外體驗過貧窮原住民部落的生活經驗。因此出發前為了她的「食物過敏症」，購買了許多罐頭食物和礦泉水。

參訪阿海山寨

去年 12 月 26 日，我們夫婦和林清勇長老三人，在清晨搭上泰航飛曼谷的航班並轉機，當天晚上到達泰國最北部之滿星疊（昆沙司令部之所在地，現開放為觀光據點）。隔天早上走了兩小時山路到了阿卡族所在地，阿海山寨（每戶 10-25 名人口，約 90 戶），山寨村長非常高興，用他最誠意的方式提供午餐，這是阿卡族婦女準備之原始奇異食物，如樹皮、竹蟲、動物內臟和糯米飯。非常感謝神的是，我們這一行人不但一直平安無恙，內人林醫師對非常原始部落之適應力並不亞於我和林長老。她不怕髒，和任何遇到的人，不管大人和小孩都很誠懇地握手，對原始奇異食物吃得津津有味。當天晚上一起在部落過夜，她特別選擇屋外竹板上鋪睡袋睡覺（竹板下面是養牛、豬、雞、鴨之地方，並有老鼠在走動），山上氣候，白天可以洗冷水澡，但晚上需要穿鵝毛風衣睡在羽毛睡袋才能暖和。從台灣帶來的罐頭食物和礦泉水一樣也沒使用到。

其次，要大大感謝神的是，讚美福音團契已有幾位年輕優秀之阿

卡族傳道人（能通華語），他們雖然學歷低，但是他們才是主角，從台灣來的人再優秀，也只是協助者的角色。其實在阿卡族裡最有效的傳福音模式，是由當地阿卡族人傳福音給他們自己的同胞，外來人除了提供經費和擔任培訓教師的角色外，只能退居配角。

結果聖靈真實地在阿卡族裡大大動工，我們參觀了兩個山寨（村莊），第一個山寨在過去幾年裡半數歸主，我們參觀之隔天剛好是禮拜天，目睹五個家庭決志，並於當天下午除偶像。

每場集會都會看到有許多孩童、年輕人，他們滿臉喜樂，又聽到他們美妙之歌聲，使我們由衷感到不虛此行。

向阿卡族人傳福音的事工究竟何時開始，並不清楚，但當時已有羅馬字拼音的阿卡語新約聖經整本聖經翻譯所需年數，全球總平均大約為十二年。

雖然台灣基督長老教會總會還未能踏出宣教的腳步，但神已經為我們教會之跨文化海外宣教開了一條大路。馬偕醫院為了馬偕來台125週年紀念，去年（1996）8月底成立了醫療宣教委員會，也決定支援泰北阿卡族之醫療宣教和差派張英華牧師，回到他過去宣教之菲律賓呂宋島山地（離馬尼拉三百公里之地）。雖然這些決定還停留在紙上談兵，但神已經大開門路，懇請主內兄姊獻上代禱和支援（金錢和物資），使這事工能盡快付諸行動。為預先可能碰到的問題早做預備，我們訪問了泰國基督長老教會第二教區辦事處，教區主席（一位70多歲之長老）和祕書（約50多歲之資深牧師）非常客氣且有誠意地告知我們，政府捐出的土地是永久性的，因將來戒毒所需之經費會很龐大，所以如果先要有護理學校、保母學校、門徒訓練中心（傳道人養成教育之預備班）等建設，都可建在政府捐贈的土地上。

我們又訪問了曼谷東南亞唯一的熱帶醫學校——Mahidol 醫科大學熱帶醫學院，院長和三位高級主管不但誠意十足地招待午餐，又帶我們參觀並簡介熱帶醫學院內的各種設施，並且熱誠地向我們保證，如有台灣主內醫療團體為了阿卡族的醫療宣教，願意事先修得熱帶醫學及基層公共衛生學（Primary Health Care），非常願意配合我們的需要設計、開辦特別班，訓練我們的醫療人員。Mahidol 醫科大學熱帶醫學院之學生，來自包括日本、美國在內之世界各地，泰國學生則不到總數的 1/6。

對跨文化海外宣教的建議

既然神已經感動了馬偕醫院從事跨文化海外醫療宣教工作，並已決定支援泰北少數民族之一的阿卡族之醫療宣教工作，神必然也會呼召整個台灣基督長老教會從事跨文化海外宣教工作。因此針對這點，提供一些個人的看法和建議：

一、跨文化海外醫療宣教人員，尤其是要到貧窮落後地區服事神的人選：個人曾在此方面事奉多年，所得印象是，雖然有的人是經過各種訓練而走上這條路，但也有許多人是天生的宣教師材料。適當人選之共同特徵是：

1. 具有廣泛的趣味、嗜好。
2. 多才多藝或萬事通型。
3. 會操多種語言或具有多元文化者。
4. 想法浪漫者。因越是貧窮落後之原始地區，浪漫的想法（romantic）或破天荒的工作越容易達成。因此原始世界通常也是浪漫者的迷人世界。而想法浪漫者之共同特徵是：很

有音樂和藝術天分。其實在非洲落後世界工作的宣教師當中，有天分的音樂家比比皆是，我曾有一位朋友，先生是聖經翻譯家，夫人是世界聞名小提琴家，每年冬天她帶小孩到歐洲各地旅行演奏並籌募宣教經費。歐美各國都是差派他們國家裡最優秀之人才到最貧窮落後之原住民世界，因此歐美社會非常尊敬在貧窮落後世界事奉神的兄姊。然而在台灣情況似乎正好相反。

二、在與宣教地原住民同工的關係上，需要非常謹慎。除非他（她）的生活津貼自理，只是來當義工或不需要協助的，絕對不能對他（或她）隨便給錢或給名片。因為如不經過差會司庫給錢，他／她會要求更多經費，且不聽命於差會的指揮。給了名片後，對方會寫各式各樣的求助信向你要錢，而那些求助信內容很多是捏造的。或者，他們會向不同機構收受不當得的生活津貼。此外，對他們更不能承諾什麼。如果宣教地原住民對你有所要求，你也有意願幫忙，最好請對方為你代禱，或和他一起祈求神的賜與。你要有說「不」的勇氣。

三、醫療宣教事業中，宣教工作永遠優先於醫療工作。如果宣教工作不是優先於醫療工作時，就等於向小偷提供醫療服務一樣，其結局如何可想而知。向阿卡族的醫療宣教事業，讚美福音團契已經打好宣教基礎，因此其前景應該是樂觀可期的。

四、將來馬偕醫院或台灣基督長老教會總會所屬機構想要參與阿卡族或其他少數民族之宣教事業時，在架構上應該是直接隸屬於泰國基督長老教會第二區，而不是隸屬于讚美福音團契。他們和團契之間的關係應該是平行的。讚美福音團契所扮演的角色，仍然是拓荒性的先遣部隊（或是海軍陸戰隊），長老會總會或所屬機構應該是跟著登

陸的陸軍軍團。讚美福音團契（其成員出身背景幾乎清一色是長老教會會友）最希望台灣基督長老教會來接棒，使他們能繼續向前邁進，從事拓荒性工作。阿卡族的山寨只能容納一間教會或一種宗教，目前一貫道和佛教也在從事宣教，他們有的是錢，因此從事拓荒工作者的心是很急迫的。

五、阿卡族和緬甸東北部之佤族相距約 30 多公里。因阿卡族過去曾被捲入昆沙軍團，所以和緬甸佤族互為仇恨對象，因此，馬偕醫院要支援的對象暫時不應包括緬甸的佤族。佤族目前已有路加傳道會所屬屏東基督教醫院關心了好幾年，並在佤邦建設了安邦醫院，有兩位醫生和好幾個護士，都是從屏東基督教醫院差派出去的。

六、長老會之各教會在總會尚未動身前，至少可以做到下列事情：

1. 鼓勵組團到泰北阿卡族山寨參觀各項宣教事工兼旅遊。百聞不如一見。有意者請與讚美福音團契總幹事連絡。

2. 向教會或醫院內收集舊衣服（M 以下尺碼）、舊鞋、舊毛毯，洗乾淨，燙好，並請人帶到泰北山寨發放。

3. 由教會或個人單位認養各項事工或負擔部分經費。

4. 多為未得福音之泰北少數民族代禱。

拓荒成果與未來前景

今年 4 月 5 日，是讚美福音團契從 1996 年 8 月開始向過去毒王昆沙總部所在「滿星疊」周圍山寨宣教以來，建立第五間教會之獻堂禮拜。這間興買教會的所在地，興買山寨（村莊）開始有福音進入的時間，才剛剛是去年 12 月 30 日的事，那一天不但是村長，連同村幹事和巫師帶頭決志，破記錄的共有 55 名村民決志，而且當天村長承諾，

將免費提供土地蓋禮拜堂。此外，山寨婦女決定用她們認為最隆重的方式，就是穿上過去三個月來所編織、刺繡傳統的新衣服，而且4月5日全體在個別家裡洗淨全身（她們傳統只有出生時和婚前洗澡），穿上新衣服，參加獻堂禮拜，並邀請我剪綵。

感謝神，台北市中山基督長老教會全體會員承諾，全心投入讚美福音團契之各項宣教努力，作為設教五十週年之紀念活動，並在長執會通過，於今年內認捐七間教會之建築經費（每間教會建堂約需 3-4 萬元），每間均可容納一百名會友，同時認捐一部中古貨車，以及兩部機車。事實上，最近一年來，已有 22 個山寨村長向讚美福音團契懇求前往蓋教會；同時，過去一年半裡已蓋好的四間教會，每間信主決志的人數倍增，已經不能不重蓋。這種教會的增長速度，連在龍潭拓荒神學院（院長呂代豪）之韓國宣教師徐牧師也感嘆遠優於韓國教會。

讚美福音團契同工除了從台灣來的兩位無薪自掏腰包的泰雅爾中會長老外，只有當地阿卡族傳道人三位，和十幾位門徒訓練中心的學生而已。他們都確認是聖靈親自在動工，讚美福音團契只是在後面收拾新局面。讚美福音團契是個人看過最貧窮的宣教團體，本身只擁有兩部中古機車，中心所在地是租用過去毒王昆沙之軍醫院病房和倉庫，因租屋地是當年內戰期間死了很多人的房間，目前除了中心同工和學生外，沒有人敢居住。

當第五間教會之獻堂禮拜圓滿結束後，接著眾人開始忙著籌備阿卡族全國青年大會。營會地點選擇在滿星疊附近的一所小學，凡參加的學員每人需繳交 20 元泰幣（1 元泰幣約等於 1 元台幣），讚美福音中心是主辦單位，補助每一位學員 80 元，因他們太窮了。夜晚，學生全在教室水泥地上鋪草蓆睡覺。大會的第一位講員是，泰國基督長老教會

第二教區之首席祕書。我曾在去年底訪問過教區辦公處，並獲得誠懇接待。當時和內人曾被泰方誤解為非常有分量之人物，雖然我們一直強調沒有代表任何教會團體，只是兩位長老會平信徒來泰北關心而已。但泰方接待我們以後，又向政府交涉，使得泰國政府將原來透過泰國基督長老教會第二教區捐出 20 英畝土地給讚美福音團契的事，擴大為 200 英畝的山坡地（價值至少 500 萬台幣）。除設立戒毒所外，還要求設立醫療診所、短期護理學校、保母學校、聖經學校、農業中心，以及才藝中心，之後又帶我們和幾位同工到現場查看所捐助之土地，這土地是在一塊表面積約有 2000 英畝之山坡地上，對方要讚美福音團契圈選 200 英畝作為中心建地。幸好兩位泰雅爾中會之林長老和溫長老有豐富的農業知識，選劃了水源地和大馬路中間近 200 英畝的土地。

本來一直處在破產邊緣的福音團契，被賜下一大片土地，這到底是祝福，或是災禍的開始？目前才剛剛開始有讚美福音團契在台灣之後援會，但僅在紙上談兵而已，還未能展開行動。後援會雖然經過幾位牧長之奔走漸漸成型，但已開始有隱憂，就是出錢單位之後方領袖，企圖取得最前方之遙控權，到目前為止，這些爭取遙控權的人，還沒有一位曾有過跨文化海外宣教經驗，也未曾到過前方。希望不久的將來，就能有不干擾最前方事工之後援會成立，請大家代禱支持，後援會的名稱暫定為「少數民族宣教協會」。

讚美福音團契的經費短缺，所以成員中除了阿卡族同工是我們予以資助外，從台灣來的或往來於台灣泰北的幾位兄弟姊妹，全是自掏腰包。相信不久的將來，長老教會內會有上主呼召的兄弟姊妹願意來參與聖工，到泰北服事主。這些兄弟姊妹必須先自行籌募生活費。費用大約包含：台灣到泰國清萊來回機票，當地傳道人月薪從台幣 3,600

元算起，門徒訓練中心學生每月生活費 1,500 元，以及分攤 500 元房租等各項雜費，有意服事者（長短宣），最好先來一趟禾場參觀。

如有意長期服事者，最重要的是，要先清楚神的旨意，亦即要有神的呼召。被呼召的人，對人和對上主都要誠實。如有神的呼召，最好先來禾場事奉一段時間，就會更清楚知道往後需裝備哪些知識和技能。另外，最好選擇在冬天的乾旱期到泰北，去時要帶厚一點的睡袋和鵝毛睡袋才足以保暖。

請先閱讀下列的參考書籍及注意下列事項：

1. 各種版本之馬偕傳記。因目前向阿卡族宣教所面臨之問題，和馬偕博士當初來台灣宣教所遇到的問題相似。雖然當地人對外來人之敵意已經被讚美福音團契的同工化解，往後仍需特別小心，因為泰國基督長老教會第二教區議長，曾被漢人欺騙過，對漢人印象不好，此外，毒王昆沙亦是漢人。

2. 林媽利編著之《為主走天涯》（上、下冊），道聲出版社出版。因為書中主角過去的宣教都是自立、自傳、自養。

3. 阿卡族宣教工作中所訓練培養的當地傳道人，或保母（兒童聖經老師），或公共衛生護理教師及農業專家，還有遠從台灣去向阿卡族人宣教者，因沒有後援經費的支助，不得不朝向自立、自傳、自養之方向發展。泰北少數民族包括阿卡族，未具有泰國國民身分證所面臨之問題，和在台灣孫雅各牧師向台灣原住民宣教時所遇到的問題相同，因此我們非常感謝神，先興起曾經歷那一段過程的原住民兄弟林清勇長老和溫春雨長老，和我們一起從事拓荒的事工。

4. 多參考芥菜種會在花蓮開辦之短期護理、保母訓練班之經驗。

訓練泰北當地人才之事工，將是讚美福音團契最大且最難之挑戰。要去泰北擔任教師，除了要學會阿卡語外，還牽涉到最基本的課程及教材之設計，因此需要懂得人類學、自然和人文生態學，否則很可能會變成越幫越忙，不如不幫忙的局面。

5. 委身長期服事，最好在 30 歲前就開始，因為越年輕，學習當地語言、文化、習俗就越容易。如果沒有讀過神學院，或者學歷太低，或身體不夠強健等，也不必妄自菲薄，目前有一位長期在阿卡山寨[1]。服事的弟兄，他的學歷才小學畢業，但他已做出非常了不起的貢獻。神在選召人時，不是只看他的學歷或是在信仰上多麼屬靈有信心而已，祂是莊稼的主，差派工人的主權在神手中，祂會在最適當的時間及地點，揀選最合用的器皿，呼召他們來與祂同工，成就祂美好的旨意。願將一切榮耀都歸給主上帝！

---

[1] 阿卡山寨群位於泰國最北部之丘陵地帶。

阿卡山寨之行紀實

/ 林媽利醫師

　　去年 12 月 26 日，我和外子郭惠二及泰雅爾族竹東五峰長老教會的林清勇長老，上泰國北部的阿海山寨，同行的尚有阿美族的李敏旭牧師。這是我第一次的泰國行，帶著去觀光的心情，在中正機場和他們會合。除了我以外，其他人很像是救難隊，他們帶三個大麻袋（現在是用塑膠線做的）的原住民教會捐贈的舊衣服，還有郭教授破舊的大皮箱裡裝滿了黃豆，以及煮黃豆用的舊高壓鍋和家裡的舊衣服，引來機場許多人好奇的眼光。

　　我們在曼谷轉機，直飛泰國最北端的機場──清萊（Chiang Rai），來接機的是泰雅爾族溫春雨長老和泰北少數民族阿卡族（Akha）的磐忠昌傳道，我們一起坐上卡車，直奔泰緬邊界的滿星疊。因為村中很少有燈光，所以星星分外明亮，村莊正如其名，有滿天的繁星。

　　滿星疊在過去是很有名的地方，位居金三角，是毒王昆沙的總部。昆沙在 1996 年 6 月向緬甸投降後，上主呼召台灣原住民泰雅爾族長老教會的會友，組成了讚美福音團契，靠著非常有限的經費，他們來到滿星疊，向附近山上的阿卡族宣教。阿卡族人據說原來住在雲南緬甸的邊界，後來散居在泰北山區，共有 180 多萬人，在滿星疊附近山上的阿卡族則有 8 萬多人，居住在近百個山寨（村莊）裡，其中只有四個有福音傳入。泰雅爾族讚美福音團契的宣教據點，是在滿星疊過去

昆沙的軍醫院，我們隔壁房間的床底下還留有一口他們沒用完的棺材。

我們在 12 月 27 日經過昆沙再過去的山區營地，爬上重重的山坡，汗流浹背，氣喘如牛地花了兩個鐘頭，到達阿卡族人的村莊——阿海山寨。迎接我們的是一群瘦小、膚色黃灰、骯髒的原住民，參雜著許多衣衫襤褸或沒穿衣服的小孩。因為泰國政府並不認為阿卡族是泰國人，所以在泰北他成為非法的居民。他們沒有工作的權利，如果偷偷地打工被發現，就會被捉起來關在監獄裡，或被打得半死。不像一般的泰國人，他們也沒有醫療保險，所以生病看病必須付錢。他們太窮了，所以一個感冒，常常讓他們只能在家裡等死。他們大部分人吸毒，壽命很少超過40歲，女孩大部分在15歲前當了媽媽。他們很骯髒，因為過去他們一生只洗兩次澡，一次在出生時，還有一次在結婚時。現在雖然有台灣原住民教他們要洗澡，但是大部分的人只有一件衣服，只好天天穿下去了。他們可說是全都不識字，雖然他們有很不同的阿卡話，但沒有文字，還好有基督徒的努力，把阿卡話用羅馬拼音拼出來，然後教他們識字，阿卡人正在努力的學習。在阿卡人居住的附近有泰語的小學，因阿卡人上學要付學費，所以他們沒法去。

我們也看到在另一個山寨三個村莊 1,000 多戶的阿卡人中，只有兩間教室的泰語小學。因泰國政府收回他們居住地區的林地，所以他們的可耕地很少，他們很辛苦地耕種旱稻，一種長粒、硬度高的米。他們吃野菜（是我們說的野草），也吃樹皮。他們居住在用竹子做的高挑房子，房子的地板離地面數尺高，底下是雞舍、牛棚及豬舍混合在一起的地方。他們把掉在地板（大部分是竹片）上的飯粒丟到下面（大小便更是直接下去），在房子底下有雞和豬在等著。我看到鴨在吃豬糞，豬是滿場奔跑的瘦豬，好像是阿卡族人的寵物。在所有動物

糞中的牛糞及馬糞，因為沒有其他動物去收拾，所以阿卡人的房子充滿從地板下薰上來的牛糞味。

泰北山寨的聖誕節

台灣讚美福音團契在阿海山寨花了約 2 萬元台幣蓋了一間用竹子做的敬拜中心，阿海山寨已有一半以上是基督徒。我們的中餐和晚餐被安排在村長及養有四頭牛的會友家，我們也學著用右手把硬硬的飯捏成長條的飯糰，再一口一口地吃。他們真誠地招待我們，為我們全村殺了一條牛，每戶分些牛肉，所以我們每頓都吃到他們上等的佳餚，就是碎牛肉和碎樹皮煮成的菜。這道菜的味道還不錯，我們也吃了有怪味的生菜，據說是魚腥草。當天在黃昏的時候，我們分批去報佳音，所用的語言有阿卡話、泰雅話、阿美話、日本話、台灣話及韓國話。我們唱完歌祝福後，他們回報我們以豐盛的晚餐。後來由和我們同去的台灣龍潭龍崗聖潔會的 8 個會友帶他們在廣場上唱聖歌和揮手慶祝聖誕節。他們雖然窮困，但在歌聲中我們看到他們的希望和喜樂。

晚上我們各自用睡袋排列睡在會友的家中，猛然發現阿卡族人圍在旁邊看我們睡覺，想來是我們佔了他們睡覺的地方，所以匆匆搬到屋外，最後睡在牛棚上面露天的「陽台」。山寨的夜晚真美，山中的冷風從不同的方向吹過來，在溫暖的睡袋中聽著陽台下忽起忽落掛在牛脖子上的鈴聲，繼之傳來牛的鼾聲，半夜找食物豬的咕嚕聲，到了深夜還有老鼠的吱吱聲，及老鼠在陽台上睡袋邊的奔跑聲，然後我在陣陣因牛搔癢而搖晃的牛棚上睡著了。醒來時天空已泛白，藍色的遠山及近山浮在白色的雲上。這是我一生最難忘及最有意義的聖誕夜。

第二天（12 月 28 日星期日）早上，竹子做成的小禮拜堂擠滿了阿

卡人，有許多盛裝的（頭上戴上頭飾）媽媽帶著一群群小孩來參加，大家看著黑板上用羅馬拼音寫的歌詞唱起讚美聖歌，阿卡族傳道帶領阿卡族人朗讀羅馬拼音的阿卡語新約聖經，讓我們非常感動。禮拜後有五個家庭全部決志信主，他們站在前面，好像人生不再那麼灰暗，這給我這個第三代的基督徒帶來很大的震撼。

12 月 29 日住到清萊的觀光飯店，有恍若隔世之感。12 月 30 日到曼谷拜會及參觀 Mahidol 大學熱帶醫學部，然後在曼谷的觀光飯店過年。想起阿卡族小孩童稚的臉，想到阿卡族一個被「丟棄」的族群，我們所看到的是不是也和一百多年前西方宣教師到了台灣或大陸所看到的情形一樣？在《戴德生傳》及馬偕博士的《台灣遙寄》裡，我們看到相似的影子。在已經現代化的台灣，我們幾乎已遺忘當初宣教師傳福音給我們為社會帶來多麼重要的改變，傳福音的工作不是只傳基督教、辦學校提高知識或辦醫院治病而已，而是對台灣社會這一百多年來的民主化、人權、社會公義及愛心上，有更深遠及重要的影響。現在是不是輪到我們去關心我們「弱小的兄弟」呢？

多向宣教地學習

學習當地語言是進入跨文化海外宣教的第一步。但我們在阿卡山寨得到的印象是，阿卡族人學習中文的速度遠快於我們的宣教師學習阿卡語。然而在非洲大陸傳揚福音之情形是，如果按照我們的文化習俗和了解方式去講解聖經，非洲人保證聽不懂。

因此我們應該盡量學習對方語言，以認同對方文化才是最要緊。在非洲大陸的情形是，新來的宣教師如要向回教社會傳福音，通常要先用高薪禮聘當地回教領袖或很有影響力的人士擔任語言教師。因教

育本身是雙向溝通之學習過程，而不是單向宣導。所以當學生（新來宣教師）越認真學習當地語言及文化習俗，當地教師在認真教學的同時，就會開始在學生身上尋求教師本身沒有的東西。

因此，一般會要求宣教師學生外表衣著甚至飲食盡量和當地一樣，甚至和老師打成一片。期待老師向學生尋求他沒有的東西，重點就是要使他們集中注意力在基督的福音上。學生越認真學習，老師對學生之注意力就越高。經過二、三梯次的語言訓練營，老師終有一天會成為基督徒。

台灣早期有一位著名牧師林燕臣（是二二八受難家屬代表，即世界精神衛生學會名譽總裁，林宗義教授之祖父），他本來是清末秀才，當時被聘擔任新來英國宣教師之台語教師。另外一個案例是大約 40 多年前，香港最大的佛寺來了一位留學生。他是一位挪威神學院剛退休的教授，也是世界聞名的比較宗教學教授。他在佛寺裡的起居生活及外表衣著和寺裡的和尚完全相同，只是胸前多帶個十字架。他在佛寺裡比別人更勤奮用功，他不自動傳福音，只在交換學習心得或訊息時，說明他所追求的信仰。結果不到三年，佛寺內所有僧侶，從高僧到小和尚，一個接一個地成了基督徒。

山地服務感言

　　很榮幸有機會籌備第一次山服研習會，其意義可謂「非比尋常」。自山服社創辦以來，我一直擔任指導老師，每年寒暑假除了出國之外，都和學生一起上山服務，感覺山服的方向、內容甚至意義越來越不對勁。因為目前一般山服隊學生之觀念和智識，以及年輕人之純潔與熱忱，對山地社會似乎是越幫越忙。或許大多數同學不會同意我的看法，但我曾在世界各地參與類似工作，並於 1971 到 1979 年間在西非之奈及利亞教書，參與當地國民營養和衛生改善工作，在十多年的服務生涯裡，遇到許多成功和失敗的經驗，也看過許多類似情況發生在別人或別的團體身上。誠如新約聖經路加福音五章 36 ～ 39 節裡所言：「沒有人把新衣服撕下一塊來，補在舊衣服上……也沒有人把新酒裝在舊皮袋裏，若是這樣，新酒必將皮袋裂開，酒便漏出來，皮袋也就壞了。」或者如同美國加州大學醫學院 D. Heynemann 教授所強調的，「通往地獄之路，常常出自於好意，但這善意的援助卻不適用在當地生態或文化習俗，這種方式的援助或服務，已經讓人無法容忍。」

　　我走遍全世界，最常見的現象是，參與服務者總喜歡將自己家鄉的文化模式套在被服務的對象上，結果往往是解決了一個問題，卻同時製造了好幾個新問題，也就是越幫越忙。譬如說：「在落後國家中最常見的營養不良症，是蛋白質缺乏症，歐美國家把大量的剩餘農產

品之一的脫脂奶粉，免費送給落後國家，結果卻使更多的嬰孩飲用後因而死亡，無異加深了原來的慘景；造成這個結果，是因為服務人員（多數是由贈予奶粉國家派來的）將他們祖國泡牛奶的方法教給服務的對象，沖泡的方法是，在玻璃奶瓶裡放 1/6 的奶粉和 5/6 的熱水，均勻混合後，用橡膠或塑膠奶嘴餵嬰孩；或者在鍋子裡放一杯奶粉、五杯水，而幾乎所有落後國家的農村，只有一個或兩個井（不可能看到水龍頭），他們的用水量因此受到極大限制，奶瓶不可能洗得乾淨；這些地方生火用的木材亦很缺乏，因此通常只喝生水。

　　其次，被服務的對象平均教育程度低，難以了解異於他們文化的講解，所以溶解於水中之牛奶煮開與否，在他們眼裡沒有兩樣，反正他們都喝生水；服務人員苦口婆心地講解細菌感染的後果，卻無法使他們了解看不到的細菌對人體的影響。結果他們使用沒有經過消毒的井水或河水，再用不乾淨的奶瓶餵嬰孩，又因奶嘴的不乾淨（在西方奶嘴用一次可以丟掉，但在落後國家卻不能浪費），加上多數落後國家居民之體質無法在一時之間消化大量乳糖，使得許多嬰孩因飲用了被細菌感染過的救濟奶粉而死。

　　那麼解決之道是什麼呢？就是套上落後國家的育嬰方法。以西非來說，他們的育嬰食品常用玉米粉發酵精製的澱粉，用水煮開成粘液後加糖，這些嬰兒食品只含澱粉，而蛋白質已在精製過程中被洗掉了。若是把救濟奶粉摻入玉米澱粉裡，一起用水煮開，以湯匙慢慢餵食嬰孩就可以了（洗湯匙用的水量遠少於洗奶瓶的水量），這就是利用西非洲的原始方式。但介紹這種方法往往被服務人員拒絕，認為是違反其祖國文化模式或構成其對祖國文化的不敬，總之，許多服務人員認為，他們祖國之文化遠優於被服務者之文化習俗和價值觀念，因此堅

決拒絕用當地生態模式來解決問題。然而，文化之定義，按人類生態學家而言，乃是一群人和他們居住之環境產生平衡之生活方式，所以各文化之間不應有高低優劣之別，因為各自產生文化之背景本不相同。

話說回來，目前我們絕大多數的山服隊員深信，漢文化遠優於山地文化，而忽略了山地文化亦是構成中華文化的一部分，其地位與漢文化相當，應受同樣的尊重。若我們抱持著與上述服務相同的心態，即使結果不容易在短期內被發現，但仍可以想像這很可能是在幫倒忙，目前大多數山服隊員之觀念和所具有之使命，不外是山胞漢族化、山地平地化，而不懂如何去尊重和學習山胞的文化精華，因發揚中華文化（漢文化）一直被認為是最神聖、最偉大的事業，而忘記了山地文化亦有其可取之處。

由此類推，政府過去曾花了大筆經費幫助山胞，但是否真正發揮了效益呢？今天全省妓女近一半來自山胞婦女，最需要苦力之勞工，亦多數是山地青年，原因何在？政府耗用了大筆經費，固然大大提昇了他們的物質文明，卻忽略了他們的精神層面，而無形中淡化了他們原有的倫理道德文化。再加上平地人對山胞的經濟侵略，商品傾銷，更造成了山胞精神和物質文明的失調，而導致今日部分山胞社會之瓦解，使山胞成為無根之民，造成他們極深的疏離感。政府近幾年也發覺這一缺失，因而設立文建會，起用有名人類學家為主任委員，開始提倡恢復山胞傳統文化。雖然這項努力來得有些太遲，山胞社會瓦解的問題是否能解決，也令人憂慮，但我仍要強調，「山地服務」對平地隊員來說，是需要跨越自己文化的服務工作，也就是山服觀念的重新調整。

認識和經驗另一個文化（或跨越自己文化之經驗），可以說是進

入國際經驗之第一步；但是台灣絕大多數的大專青年，卻還不曉得認識和經驗另一個文化的優點。比較來說，能成為強大且對人類有貢獻的國家，往往是多元文化的國家，如古代中國或今日之歐美各國；而強大卻不能對人類有貢獻，甚至在世界各地常常製造問題的國家，往往是單元文化國家，如利比亞和蘇俄。今日之中華民國恰好介於中間，如果今後能尊重並保存多元的文化型態，必能成為強大而對人類有貢獻的國家。如果一味強調漢文化至上，繼而輕視漢文化以外的文化，勢必將步入利比亞和蘇俄的後塵。我們自由中國──台灣一向靠國際貿易求生活，靠國際政治之平衡求生存，因此同學們應多學習獲得國際經驗，也就是多爭取跨越自己文化之經驗。今後山地服務模式如能尊重山地文化，並透過山地文化，使用能套得上山地社會文化之方法來解決問題時，其所得經驗可以直接應用在國際事務裡。具有多元文化背景的人在國際上較能佔上風，因為他能從不同文化層面看問題。看問題的角度有前後左右上下六個層面，單文化背景或只講一種語言，所能看到的只是一個層面而已。社會或國家之鷹派（或極右派，或極左派），往往是由只會講一種語言（或數種相近的語言）之人士所組成；鴿派（自由派，或溫和派）往往由會講多種語言或多元文化背景的人士所組成，因他們能看到事物的整體面，而不單只是一個層面而已。

　　最後希望，參加研討會的同學，能認清所謂正確的山地服務觀念，以及使命感。同時也藉此培養自己，成為更有用的建國青年。

跨文化宣教之呼籲與省思

但聖靈降臨在你們身上,你們就必得著能力。並要在
耶路撒冷、猶太全地、和撒瑪利亞、直到地極,作我的見證。
~ 使徒行徒傳一章 8 節

我在非洲宣道的見聞
—與台灣教會兄姐分享的信息

　　由衷感謝諸位對我的愛護、關照和代禱，使這次回國得到很好的休息和不少收穫。幾位過去的學生也是主內肢體，有情有義，常來信問候、安慰和代禱。

　　這次回來發現主內兄弟姊妹對我的海外事奉工作之了解，比以前進步很多，但絕大多數人還不了解為何需要到遙遠的非洲事奉神。在台灣需要做的工作那麼多，在非洲不但氣候環境對我們不適合，又娶不到太太，談不到生活享受等等。或許有人會以為我必定是在北美社會站不住腳了，才會去到非洲。

　　因此我開始有負擔，自覺有責任使台灣主內兄弟姊妹認識海外宣教工作之需要。聖經馬太福音廿八章 19 節主耶穌吩咐門徒和今天的我們說：「所以，你們要去，使萬民作我的門徒，奉父、子、聖靈的名給他們施洗。」這是一段大家都很熟悉的經文，我們的主基督耶穌要我們去傳福音直到地極。

　　接下來，我要帶領諸位從台灣看地球另一端的非洲，談談那裡的宣教工作。

1. 在台灣主內兄弟姊妹心目中的非洲，早已不存在。

　　台灣民眾心目中的非洲，不外是充滿野獸毒蛇和吃人之黑人土著，

但目前在非洲要看野獸毒蛇，只有動物園才看得到，會吃人肉的食人族故事，也早已經是歷史上之陳跡。

2. **非洲必定是潮濕炎熱之地，不適合我們居住。**

但事實上非洲土地廣大，約美國的三倍。而且有不少地方氣候涼爽，（整年是春天或秋天，沒有冬天或夏天），也有地方會下雪，有一半以上之地氣候乾旱。

3. **在非洲工作必定備嘗辛苦，需要莫大之犧牲。**

這也不見得。目前居住肯亞、馬拉威、辛巴威和南非，最近常在報紙上被提及的薩伊國沙巴省之白人世界，其生活享受程度和平均收入在全世界排名是很高的。許多白人宣教師僱用很多黑人作僕人。試問在美國有幾個家庭能僱得起佣人？非洲是個貧富非常懸殊的世界，中產階級很少，窮人幾乎佔 95% 以上。並且其中的三分之一，天天吃不飽，天天有幾千人餓死。因此在窮人當中宣教服務事奉神的宣教師們，常需付出莫大之犧牲代價，使主的名得榮耀。

4. **到非洲宣教事奉神的宣教師，大都是因在歐美社會站不住腳，除了一些理想主義者例外，如受人尊敬之史懷哲博士。**

目前台灣教會裡也開始聽到向海外宣教之呼聲。同時有許多傳道人或主內兄姊，紛紛瘋狂似地宣稱奉神旨意到美國傳福音，到能天天吃得飽、穿得暖、收入和生活享受程度都很高的美國人或華僑當中，宣揚神的福音，使神的名被高舉。這些到美國傳福音，一去不可能再回到我們寶島的，有許多是知名牧師或傳道先生。因此常使台灣之基督徒得到一個印象，就是最優秀的傳道人或最愛主的神僕，才會被選召到美國傳福音，而那些最差勁的才會被選召到非洲，到天天吃不飽，寒冷氣候裡穿不暖，沒什麼生活享受的窮人中間受苦，努力掙扎使主

的名被尊榮。而那一位偉大的史懷哲博士則是例外。

　　以上是台灣教會對目前海外宣教工作之普遍看法。但是在歐美各教會和宣教差會又是如何呢？他們的社會生活享受程度，除了在非洲富人地區生活的白人世界外，可能再也找不到生活享受程度更高的地方了。我曾經在加拿大念書八年，並且走遍世界各地，所看到的，坦白說，歐美各教會，除了曾經選派過史懷哲博士到非洲事奉神之外，幾乎都是選派最優秀的宣教人員，包括最優秀之醫師護士，到最偏僻之非洲鄉村或最艱難之地區事奉神。被派駐在都市或舒服環境的，大都是差一點的，或不是最優秀的宣教師。絕大多數在偏僻地區服務事奉神的醫療宣教師們，和專心翻譯聖經的宣教師語言學家，都有起碼能擔任大學講師以上之學歷和資歷。同時歐美各著名大學，紛紛自動和在偏僻地區服事神的宣教師們取得連繫，希望能獲得學術研究之新材料，並希望能在事奉神、貢獻人類之偉大事業上有分。因此我來到非洲之後，和聞名的權威學者相處或發生連繫之機會，反而比在歐美環境中更多。

　　至於最優秀的宣教師們，就像史懷哲博士一樣，懂得很廣且深，其中也有很多頗具天分之音樂家、藝術家，這種人才到偏僻地區享受不到音樂，更談不上有音樂會欣賞音樂的地方，是多麼可惜和浪費光陰。我也曾得過加拿大高中音樂教師證書，但在宣教地還不算有天分之音樂家。包括非洲、南美洲之第三世界偏僻地區，的確是和文明世界相差很遠之另一個世界。那裡看不到鋼琴和風琴，神的兒女犧牲之程度是何等的大！

　　但是一到了宣教地區之後，情形又如何？絕大多數宣教地區之文化習俗和我們的大不相同。在這種情況下要把神的福音傳進去之前，

每一位宣教人員需花許多時間，學習當地的文化、習俗和語言。非洲之語言又不像英文或法文有教科書，有很多語言不但沒有字，幾乎都在暗中摸索，摸索出來後，又替當地人做出他們的字體，然後開始翻譯聖經，進而有效地傳神的福音。因為文化習俗和地理環境與我們大不相同，因此如果按照我們的文化習俗和了解方式去講解聖經，當地人保證聽不懂。也就是說傳福音和講解聖經的方法，必須套上當地文化習俗，用當地人可以了解的方式傳講。

　　宣教醫務人員也是如此。若他們無法研究出能套用在當地情況的衛生教育和治療辦法，就是有再多的金錢或大量的支援人員，也終歸成泡影。歐美先進國家之醫學研究，一向在全世界引領風騷，他們的醫療方式在有充分經濟來源的環境下，的確稱霸於世；但是這些先進的醫療在貧窮的第三世界偏僻地區，卻毫無用武之地。不但沒有效果，如不小心進行，反而會製造出許多從未有過的問題。舉例來說，住在亞熱帶和寒帶地區之居民很喜歡喝牛奶。但是多數住在熱帶地區之兒童卻無法消化奶糖，因此喝牛奶會造成腹瀉，使許多嬰兒因此而死亡。故此，奶粉在許多偏僻地區已被公認是殺死嬰兒之有效毒藥。贈送奶粉給窮人是出於愛心，但這些奶粉卻不適合窮人的腸胃，結果出於愛心的援助，就變成是降禍給受捐助之窮人。這讓我想起路加福音五章 36 ～ 39 節，主耶穌所說新舊之比喻：

　　「穌又設一個比喻，對他們說：『沒有人把新衣服撕下一塊來，補在舊衣服上，若是這樣，就把新的撕破了，並且所撕下來的那塊新的和舊的也不相稱。也沒有人把新酒裝在舊皮袋裏，若是這樣，新酒必將皮袋裂開，酒便漏出來，皮袋也就壞了。但新酒必須裝在新皮袋裏。沒有人喝了陳酒又想喝新的，他總說陳的好。』」

　　因此每一位宣教人員在還沒有被派出去海外之前，需要有廣泛的各種訓練。即使到了海外宣教地之後，仍然要不斷地研究學習，如何使神的福音在當地居民中間成為有意義的生活方式，使神的名被尊榮，以及如何使神的福音在當地居民中間容易了解。不只講聖經傳福音如此，就是醫療、教育、農耕社會服務都一樣，需要不斷地研究學習最有效之方法，也就是能套用在當地文化習俗生活方式之方法。因此宣教人員如不優秀，實也無法承受那麼艱鉅之工作分量。要在第三世界的偏僻地區生存已經很困難，何況又要改革社會，自然是難上加難。同時第三世界各地之間的差異又很大，能套用在一個地方的方法，換一個地方，可能需要大幅修正或重新來過。因此宣教師們的生活世界，時時刻刻充滿著挑戰，也因此常在無意中被推崇為世界聞名人物、醫生或學者。

　　作為一名宣教人員，需付出無比之代價；但另一方面，每一位宣教師在過程中也往往學得許多新奇的知識和經驗。有出有入，剛好成為平衡。我來到非洲之後，想到史懷哲博士在非洲的貢獻與成就，不禁想如果他當年沒有來到非洲，而留在歐洲生活，後來會如何？他在30歲時就已經成為世界聞名的學者，再繼續發展下去很可能就是千篇一律過著優渥閒適的日常生活，甚至在這樣的生活裡感到窒息無聊而興起自殺念頭。無聊的生活很難再有新的靈感或新的理想。唯有充滿挑戰的環境，才有可能產生新的靈感和理想。如果史懷哲博士沒有來到非洲，他很可能只不過是聞名一時之學者，而不會被世人永久懷念！？

5. **在第三世界的傳福音工作，為何需要醫療衛生、農耕、教育、社會服務等工作輔助？這不是社會福音嗎？**

　　聖經裡主耶穌基督明明地說：「人活著不是單靠食物」，「你們要先求他的國和他的義，這些東西都要加給你們了」……在還沒說明之前，我需要向諸位報告，包括非洲之第三世界的一般景象，按照我曾經服務過的大學附屬醫院附近之統計數字，嬰兒出生到未滿一歲前，夭折率約 1/2，五歲之前大約 4/5。這麼高的統計數字，任何國家都不敢公開坦承，因會使國家名譽受損。聯合國世界衛生組織所發表之統計數字也沒這麼高。聯合國的統計是根據各國政府公開發表之數字做基礎。而其原因大多由於一般衛生知識不正確或不夠、營養不良，和傳染病所引起。

　　雖然歐美各國的宣教差會曾派出一大批宣教醫務人員，也幫助宣教地區訓練出一大批之醫務人員，各國政府也訓練了一大批醫務人員。到今天，其總數還不能應付整體需要的十分之一。在第三世界的國家，有 90% 以上的人還不曉得歐美之現代醫療，也從來沒有到過醫院。95% 以上是窮人，並且窮人當中有三分之一每天吃不飽或穿不暖，同時天天有幾千名在饑餓中餓死之兒童。

　　在第三世界，現代教育若沒有基督徒的影響力存在，常成為富有人之專利品，進而剝削窮人，使窮人更加窮苦。要在這種悲慘世界傳福音，若沒有醫療衛生、農耕、教育、社會服務等人員之輔助，福音常流於空洞。「人不是單靠食物」固然沒有錯，但對天天吃不飽、長期處於饑餓中的人來說，「人也不能缺乏食物」。對這些饑餓的人來說，肚子還沒吃到食物之前，神的福音是聽不進去的。主耶穌在馬太福音廿五章 40 節說：「我實在告訴你們，這些事你們既做在我這弟兄中一個最小的身上，就是做在我身上了。」（請參看太廿五 31～46）願我們都回應主的呼召。

6. **為何我們需要差派宣教師到海外，教會不是很缺乏工人嗎？我們都還需要西國教師們的幫助，差派宣教師到海外，不是讓多損失一個工人嗎？海外宣教師的功用究竟何在？**

　　出生和生長於同一環境的人，只能透過當地固有文化的角度看自己的問題。除非離開自己的故鄉——本族、本地和本族文化，到異鄉異族跨文化的環境裡，否則無法從不同的角度看自己的問題。同樣地，華人基督徒除非在異地、異族、跨文化的環境裡住過相當時期，否則我們只能經過中華文化看我們教會之問題。因此我們教會需要從異邦來的基督徒，也就是外國宣教師的幫忙。至於歐美各國之教會，雖然他們幾乎沒有外來教師們的幫忙，但他們教會裡常有來自世界各國之留學生或移民，再加上他們派出去的宣教師，能常常帶回各地文化之長處和各式各樣之文化角度，使他們的教會有輸出也有輸入，而能一直保持新鮮的靈命。

　　以下是目前我在非洲教會裡的宣教工作和我個人的見證。我幼年時在日本東京長大，中學、大學在台灣，後來再到加拿大繼續進修、工作共八年，因此我精通英文、中文、日文和閩南話，也就是說能經過四種不同文化之角度，觀察非洲之教會和社會。目前在非洲的宣教師，絕大多數來自歐美各國。中華基督徒從事非洲宣教工作者，約有10名左右，大都來自新加坡、香港、英國、美國之華人，並大多數從事醫療宣教工作。透過歐美之文化角度，才能看得清楚，或歐美基督徒能勝任之工作，大都已交由當地基督徒接替，使得這些國外宣教師可以重新展開開拓闢荒的工作，或更專門性之工作。但因來自東方之宣教師數目太少，因此，從東方文化角度才能看得清楚或容易做到的工作，幾乎還沒開始。

　　整個第三世界之大專畢業基督徒有一共同的病徵，就是畢業那一天也就是離開教會的開始。因教牧人員的平均教育程度低於大專畢業生，因而產生強烈之自卑感，大專畢業生常成了教牧人員尊嚴之威脅。另一原因是非洲的教育方式，和不適合非洲需要的制度。神給我的第一任務是，使大專基督徒不但不離開教會，且更進一步地在教會裡成為平信徒的領袖。因我自身融合了三種東方文化，加上英語文化，再加上宣教前兩年服務地的語言剛好和閩南語的音調相同，這兩個音調相同的不同社會文化距離也顯得很接近，因此我自己很快就能分析把握住當地社會和教會之病態，及時挽救教會之衰亡，使教會大大地振作起來。

　　非洲大陸有近四千種語言。當中有一半是包括有音調之鼻音的語言。這有音調之語言，對那些以英語為母語的宣教師很難學會，但對中華基督徒而言是輕而易舉的事。因此我常想，如果有中華基督徒參與在有音調之語言的翻譯聖經工作，該有多好！翻譯整本新舊約聖經的平均年數，是十二年到十三年。不過讓中華宣教師來承擔時，或許從學語言開始，五、六年之內就能翻譯好整本聖經。我有一位朋友是美國人。他單身在奈及利亞北部工作，七年內學會兩種語言，並完成第二種語言整本新約聖經的翻譯工作。他完成任務後，回美國神學院進修，目前神已賜給他另一半。當初他順從神的呼召時，才剛從大學數學系畢業。

7. 如果我有成為宣教師的呼召和負擔，或很想趁年輕還沒結婚，或已結婚但還沒有小孩之前，委身做幾年的宣教工作，我應做什麼準備？在台灣要出國，除了出國留學之外，有無其他的路可走？……

　　這除了多尋求神的旨意和多研讀聖經以外，在校時如有機會，務必刻意廣泛地學習，而不要太專精於一兩門課程，念得越廣泛越有用處（寧可念的淺薄）。特定外語（留學外語之外的外語）不要在台灣學，到達目的地才學比較好。目前一般年輕新宣教師，平均學歷是碩士或相當碩士學位的專業訓練者。總之，只有單一文化背景的宣教師，用處不大。到國外留學可能還是最好途徑，在國外除了學得高深學位或專業訓練外，還有學習第二種文化之機會。因此國外留學期間，盡量努力打進異國文化裡，才能有充分學得第二種文化之希望。在國內不要只和基督徒交往，也應學習如何和非基督徒相處。目前在非洲世界服事神的中華宣教師，大都已經過歐美認可能勝任大學講師之學歷或專業訓練和經驗，他們甘心樂意地擺上，請多多為他們代禱，也盼能有更多中華基督徒前往，回應神呼召，使福音遍傳。

（原文刊登于 1978 年《海外宣道雜誌》第十卷第五期）

非洲醫療現況

　　去年秋天在台北，郭維租醫師一直託我寫點我在宣教地的工作，投稿在 CCMA（China Christian Medical Association）的期刊裡。那時我不曉得從何寫起，同時我在這裡也一直收不到 CCMA 之「醫療和傳道」期刊，因此就把郭醫師之請託漸漸淡忘了。一個月前因有事赴歐美一趟，回來時，看到一封來自 CCMA 的會員信放在桌上。來信內容的大意是，在日本朝日新聞有一篇報導，是一位日本新聞記者訪問舉世聞名之偉大神學家、哲學家、音樂家和外科醫師史懷哲醫師所遺留下來的蘭巴倫（Lambarene）醫院。這醫院自從史醫師去世之後，醫院經營越來越困難，曾有一段時期因負債過重而關門過（目前加彭國政府負擔一半之開支），同時志願來這醫院做沒有報酬的醫療服務人員越來越少，以前的那種犧牲精神到哪兒去……而向我透露無限之嘆息。因此我有感動寫一些在這裡的工作情況，回覆這位 CCMA 會友。

　　蘭巴倫醫院的例子，其實代表了目前整個第三世界各地教會興辦的基督教醫院（Christian hospital，or Mission hospitals）的現況，在我繼續寫下去之前，邀請讀者先來讀一段神的話，路加福音五章 36 ～ 39 節：「耶穌又設一個比喻，對他們說：『沒有人把新衣服撕下一塊來，補在舊衣服上。若是這樣，就把新的撕破了，並且所撕下來的那塊新的，和舊的也不相。也沒有人把新酒裝在舊皮袋裏，若是這樣，新酒必將皮袋裂開，酒便漏出來，皮袋也就壞了。但新酒必須裝在新皮袋

裏。沒有人喝了陳酒又想喝新的，他總說陳的好。』」除了這段神的
話之外，有一位美國加州大學醫學院寄生蟲教授 Donald Heynemann
博士，講過一段很有趣的話，他說：「通往地獄之路，常常自出於好意，
但這善意的援助卻不適用在當地生態學或文化習俗，這種方式的援助
或服務，已經讓人無法容忍」。自從第二次世界大戰結束後，現代醫
療技術突飛猛進，加上醫療設備的改良更新與醫護人員素質之提高，
使整個醫療費用也跟著大幅上漲。這種情形在落後的第三世界也不例
外。各先進國家的宣教團體，把他們本國最好的醫療技術和最新最昂
貴的醫療設備捐送給宣教地區之各基督教醫院，並選派醫護宣教師到
第三世界各地事奉神。同時歐美各國在戰後曾有一段屬靈的奮興時期，
向非洲宣教的奉獻也增加，但過不久，這些奉獻金額已追不上醫療費
用之漲價，又過不久，從國外來的捐獻，隨著歐美教會之世俗化也開
始減少。因此在宣教地區之基督教醫院為了維持各方面的開支，不得
不提高門診費和住院費。

　　非洲全地雖然有錢的人越來越有錢，但窮人的收入不但沒有增加，
反而越來越窮。因此今天在非洲的醫療和傳道工作之普遍情況是，只
有有錢人才敢到基督教醫院看病，窮人爭先恐後地擠在政府辦的醫院
之門診部，因一般政府辦的醫院是免費的（但水準很低），或到比較
便宜價廉之密醫或巫醫處看病。因此，基督教醫院已失去原來之目的
和作用，基督的福音也越來越成為向有錢人傳的福音，而不再是向窮
人傳福音。西方國家出於愛心和好意而介紹、捐贈的最新醫療設備，
結果反而是使第三世界的窮人負擔增加。這現象迫使醫護、傳道人員
在神面前反省，重新尋求神，到底神要他們做什麼，他們越來越覺得
他們的工作已失去原本之目的、意義和神的祝福，而開始向神悔改。

　　這使得許多醫師比以前更加謙卑，普遍性的懺悔、反省和虛己，進而發展到普世教聯之基督徒醫務委員會（Christian Medical Commission, World Council of Churches, Geneva Switzerland）發表了一項宣言：「我們基督徒醫務人員一直受到邊僻地區農民的恩惠和服務，我們站在他們之上，忽略他們的存在，而我們還沒有向他們還債或報恩，向他們傳神的福音、報好消息。因此，今後我等基督徒醫護人員，應向邊僻地區一直以來為我們服務之農民還債……」。

　　在非洲地區的醫療和傳道一向偏重於以醫院為中心之醫療服務，和藉醫院之環境傳福音，而忽略了公共衛生（或認為公共衛生不是他們的責任，乃是當地政府的工作範圍）。非洲的城市以外地區，兒童不到五歲之前，其死亡率是 1/2 — 4/5，原因大都是由於可預防之營養不良和傳染病。過去一般非洲人對醫院和西方醫術不了解，宣教師們需要勉強說服他們來醫院治療，因此各醫院從來沒有經驗過人山人海之現象，有充分時間和精力向病患傳福音。但今天一般的非洲人開始信任西方醫術和了解醫院的用處，況且政府辦的醫院又是免費的，因此公辦醫院門診部天天都是人山人海，醫務人員怎麼忙都忙不過來，哪裡還有多餘的體力精神講聖經、傳福音！此外，目前醫院的規模和運作情況是提供給 1/10 之總人口使用，如果所有非洲人都了解醫院之用處時，那情況是沒有人敢設想的。綜觀目前來醫院就診之病患，有 3/4 是屬於可預防之疾病，因此公共衛生和如何使有限財力有效運用的研究是當務之急的工作；換句話說，就是如何能不降低醫療水準，而能使醫療費用降低，是今後的重要課題。

　　最近幾年來，一向捐錢給基督教醫院（Christian hospitals）的歐美各基金會停止奉獻，開始捐錢到為邊僻地區服務的公共衛生事業。

因此，一直在醫院服務之醫護人員開始從醫院撤退，改行參加邊僻地區之公共衛生事業。一般宣教師會也已經沒有雄厚之財力維持醫院，紛紛把醫院交給當地政府繼續經營。只有基督徒之影響力大一點之地方，由政府出錢，繼續維持基督教醫院的存在。當然回教徒勢力大的地方，為了削弱教會之力量而霸佔教會醫院也是有的，但一般的看法是，基督教醫院的時代已成過去。今後的時代是醫護人員親身到邊僻地區，和當地人一起生活，了解他們的文化、習俗，研究出能套用在當地生態學（或地理環境、文化、習俗）之治療和預防方法。過去的唯我獨尊、一直由當地人向醫護宣教師討教的時代已成過去。我會在下一封信裡介紹這裡的工作（邊僻地區之公共衛生），和神如何地帶領我們醫護傳道人員繼續做祂的工。

史懷哲醫師留下來之醫院，可能已經不是能在醫療和傳道之事工上起作用的醫院，或能為付不起昂貴門診費或住院費之窮人服務的醫院，因此志願到蘭巴倫醫院服務之醫師越來越少是自然的現象。因我沒有到過蘭巴倫醫院工作（將來可能也沒機會），因此不敢論斷。蘭巴倫醫院之現代化是史醫師生前一直堅決反對的，也因此他遭受來自各方的批評和責難，他一直堅持他的醫院應必須能套用在當地之人文生態，醫療方式也力求簡化，俾使醫院開支得以降低，以減輕病患家屬之負擔。

至於志願做沒有報酬的醫療工作者越來越少，以前那種犧牲服務精神到哪兒去了……？ 我想這個問題不能怪別人，應該怪我們每一位，這也是東方人，尤其是中國人，最大的缺點。我們常常批評別人，鼓勵別人要多為神、為窮苦人犧牲；然而自己不但不願意犧牲，就是連一毛錢也捨不得拿出來幫助窮苦人。目前台灣人的生活享受程度，

比起英國、荷蘭、比利時已經有過之而無不及。在台灣的基督徒已經不是窮人了，不應該一直希望別人來關心我們，反而是我們該去關心別人的時候了。

目前從英國去到世界各地的屬於宣教會之宣教師，連同支援人員，總數約五千，不屬於宣教師會之宣教師，雖然無法統計，應不少於幾千名，何況這數目還沒有包括天主教徒，和其他非基督徒（不相信有神的）的國外援助人員。反觀我們的教會，截至目前只有幾位宣教師在海外，當中又有幾位是向中國人以外或超過中華文化圈子向非洲人、南美人、東南亞之印尼人、馬來亞人傳福音和醫療救濟、社會服務的？我們中華基督徒一直喊口號，等大陸門戶開放時，要向大陸傳福音。但是在非洲，從十幾年前開始就有一大批中共技術人員在那裡工作，曾有中華基督徒向這些中共人員傳福音過？（非洲基督徒正在向他們福音）近年來在台灣教會裡開始聽到有海外宣教師之稱呼，說是要向海外華僑傳福音，也就是從低薪之台灣教會去到高薪華僑教會工作，而享受海外宣教師的美名；也有人認為宣教師就是從台灣到歐美留學後，定居在歐美，然後從歐美回台灣故鄉當海外宣教師？到底這群所謂宣教師當中，有幾位是從高度生活享受之台灣、日本、和歐美，去到非洲或南美之邊僻地區，去服事那裡的無依無靠之窮苦人，忠心事奉神到底的呢？

（原文刊登于 1978 年《醫療與傳道月刊》第 11 卷 11 期）

非洲偏遠地區之衛生教育

從 1971 年到 1979 年間，作者曾在非洲西海岸，撒哈拉沙漠南方的奈及利亞之大學醫學院擔任教師，其中最後兩年是擔任公共衛生學的副教授，在這八年期間，作者目睹了歐美基督教宣教師們在非洲地區推展衛生教育的過程，感動佩服不已。

首先介紹非洲偏遠地區是如何組織、推展公共衛生教育：

未實施之前

一般醫護人員的比率是每一至三萬人方有一位醫生、七位護士、七位助產士，且 3/4 的醫生集中在大城市，其餘住在小城市，至於村莊可說是沒有醫生，偶爾有比較幸運的村莊有醫療輔助員，他們是在小學畢業後，接受三～四年的醫學訓練，然後被派到偏遠地區，從事給藥的工作。在此種缺乏醫師和公共衛生常識的情況下，嬰孩在滿一歲之前的死亡率是 1/2 或 2/3，等到五歲時，死亡率變成 4/5，5/6。換言之，每對夫婦生了七個小孩，只有一個可以長大成人，這些小孩大部分是死於營養不良、傳染病、寄生蟲等類的可預防疾病，而其最大致病因素，是由於他們缺乏清潔飲用水和正確的衛生常識。

公共衛生教育方法之研究與倡導

一位美國醫療宣教士大衛・希爾頓醫師，曾在奈及利亞擔任多年

的外科醫師工作，從 1960 年起，希爾頓醫師開始思想衛生教育問題，並潛心研究，他認為非洲地區最重要的是公共衛生，故轉向從事公共衛生的研究。他開始著手研究非洲地區的文化人類學、社會人類學，和非洲地區的風土人情，之後開始研究衛生教育，歷經了十幾年努力不懈的研究，雖屢遭失敗，最後終於研發出他的一套理論與方法。他認為推行公共衛生教育，必須訓練當地人解決當地問題。完全經由當地文化，把衛生教育介紹給他們。

推展與成效

幾乎所有居住在偏遠地區的居民都不識字、沒上過學。但以希爾頓醫師的方法去實施，只經過三個月訓練之後，這些衛生教育的義工們就能夠解決 80% ～ 90% 的問題。過去每個禮拜會有 1 ～ 2 個小孩死亡的村莊，由於這些義工的存在，三個月內，竟沒有出現小孩死亡的記錄。小孩子的死亡率（一歲以前）從 2/3 降到 1/10 以下，可說成效卓著。除此之外，義工們還能幫忙解決許許多多的問題。

這些學生都是 25 歲以上、45 歲以下，不曾上學也不識字，但根據希爾頓醫師的方法，訓練三個月就能解決這麼多的問題。於是我就聯想到，希爾頓醫師的這套理論或許可以運用到台灣山地偏遠地區，因為台灣山地原住民的祖先來自印尼和新幾內亞，是屬於一種熱帶地區的民族，他們對於歌、舞有特別恩賜和天分，這些都和熱帶非洲相似。

大衛‧希爾頓的推展衛生教育方法是這樣的：

首先他把一些基本衛生常識整理出來，然後根據這些基本衛生常識編成民間故事，由這些編成的民間故事，慢慢推演出民謠、土風舞、

戲劇、問答遊戲等。在非洲偏遠地區不像城市裡，尤其是對沒上過學的居民來說，如果我們使用在學校所給的衛生教育方法，就是用講義來教導他們，他們會立刻失去興趣，但相反地，如果用民間故事來介紹衛生知識，他們就很樂意去聽，即使是聽了一百次，也不會感到厭倦。用他們所喜歡的調子，把衛生教育內容編進去，他們會不厭其煩一百次、二百次不斷地唱下去。土風舞、戲劇、問答遊戲也是同樣的方式。使用這些方法，使他們在不知不覺中，透過不斷重複的方式慢慢讓衛生知識深植在他們內心，成為他們自己的東西。

像這樣經由民間故事、民謠、土風舞、戲劇、問答遊戲等，漸漸使偏遠地區的住民真正有衛生教育所要求的實質且能自然地表現。這些都是經由牧師、講道者、教師及教會或村莊之長老執事們在兼職情況下，所從事的工作，經由他們不斷的努力，忠於衛生教育的目標，自然而然地實施出來。以下是推展公共衛生教育的步驟：

1. 宣教會派出的醫療宣教士抵達村莊後，首先必須和村莊村長接觸，由村長召開村民大會，把訓練公共衛生教育義工的計畫公告給村民，然後由村民投票表決，是否願意參與這項工作。同時這些訓練義工所需經費是由村民募捐的，由村子裡派出代表，每個村子（300 人左右的村子）派一男一女，條件為 25 歲以上、45 歲以下，結過婚，有子女的。先由村裡的教會挑選五男五女，這些人必須是信仰、人格各方面都足以為村民楷模的，再從五男五女中挑出一男一女成為學員。其挑選標準是，對事物的理解與反應是否正確、快速，想像力是否豐富。測驗方法為，複誦一則故事，他若能把這個故事的要點表達出來，就算及格。至於識字與否，並不是最重要

的；重要的是，要有健全的人格，堅定的信仰，豐富的想像力，正確敏捷的理解力，和合乎邏輯的思考，當然如果受過教育，那是更好。

2. 利用假期做訓練，把他們集中於教會或小學，從村民募集的款項可作為他們受訓期間的膳宿費。村民組織一個醫療委員會，由他們確認開支，而訓練時所需的經費（如教材，請醫師、護士），則由宣教會負責。至於有些村莊不願意花這筆錢派代表來受訓，不要勉強他們，因為公共衛生教育是靠大家熱誠地參與才有成功的希望，這因素稍後再談。

3. 為何人選條件必須是 25 歲以上、45 歲以下，結過婚，有子女的呢？因為單身漢接受訓練後，容易離開山地，到城市謀求更好的發展；而結婚生子的在此算是扎了根，移動性很小，能安靜地定居在山地。我們訓練的目的，是要他們自己服務自己的同胞。至於 45 歲以下，乃是考慮到壽命和體力的問題。

4. 2. 教育的方式：前面曾提及，如採用講義、黑板的授課方式，他們會立刻失去興趣，一定要用民間故事的方法。此民間故事的設計是，先由醫生或護士敘述每一種疾病之發生、症狀及治療過程給學員，並由學員和教師（醫生或護士）共同將敘述流程編成故事，然後介紹給他們。介紹時將故事分段，每段最好 5～10 分鐘。學員（四人一組）聽完每段故事之後，根據所聽到的再重複地將重點講述出來。然後再以同樣的方式進行第二段、第三段、……。最後再將整個故事聯結起來，從幾位同學中選出最好的故事內容，作為當天課程的標準故事。

5. 故事編出來後，再依當地的調子編成民謠。作曲對平地人來說相當困難，但如用當地村民熟悉的調子，這問題就可迎刃而解。依此原則，將公共衛生常識編入民間故事、民謠、土風舞、戲劇、問答遊戲等。漸漸地，這些常識在無形之中就深植每個人的心中，自然而然地，他的思想、行為、習慣都能合乎衛生教育所要求的。

6. 依著民間故事—民謠—土風舞—戲劇—問答遊戲的次序，每天介紹一種疾病。在非洲地區的作法，是把最常見的疾病列出三十種來，有些疾病分兩次介紹。如此週一至週四，每天教他們一則，週五總復習，週六週日回到自己的村莊，週一再來接受訓練。

7. 在此同時，也教他們簡單的疾病診斷方法，如發燒時如何使用體溫計或如何利用脈搏來診斷，使他們碰到該類情形時，能正確地使用藥品（由醫療委員會保管），這些藥必是不會發生副作用的，但盡量不要使用藥物來治療或預防，只在情非得已之下才使用藥物，且藥物必須是經由醫療委員會從藥房拿出來的。當遇到他們能力不能及的問題，最好送醫院，但對於輕微感冒、發燒等問題，由這些經過三個月訓練的醫療人員就可解決。

8. 這些衛生教育義工們的薪水，由村莊的醫療委員會依鐘點支付，如果他們不想再從事衛生教育工作，要回到自己原來的工作崗位，這些都是由村莊自己安排。

（原文刊登於 1993 年《台灣教會公報》第 2164 期）

台灣教會為何需要做
跨文化海外宣教工作？

　　台灣教會一向對跨越自己文化之海外宣教工作，不但不關心，也不了解其意義，看不清楚參與這跨文化海外宣教工作，將會帶給台灣教會何等的貢獻和福分。理由不外是，台灣97%人口還未信主，我們為這廣大的台灣人民要做的工作既然這麼多，那裡還有剩餘力量去關心別人的事？何況跨越自己文化之海外宣教工作，不僅宣教人員需具備各種嚴苛的基本素質和條件，所需經費又那麼龐大，同時又需要長時間訓練主工人，我們那裡去找這種願意犧牲奉獻、投入此工作之年輕基督徒？但教會歷史一再地告訴我們，熱心從事跨文化海外宣教工作的教會，其增長和發展速度向來都很快，而且最蒙神賜福。台灣教會發展速度向來緩慢，其原因是我們太封閉，膽怯自私，完全不願或直接忽略跨文化海外宣教工作。

　　個人認為台灣教會之增長速度，是全世界最緩慢的教會之一。教會增長最快的，可能是非洲教會，其次是韓國教會。教會常以為完整又牢固的台灣文化和五千年來累積的漢文化習俗，使耶穌基督的福音不容易在台灣被吸收；但我自從到非洲迄今，越來越覺得我們台灣教會傳福音的方法，並未融入我們周遭環境，也無法和台灣文化產生連繫。慣於使用西方古典傳福音的工具，來向現代東方的台灣人傳福音，

或經常使用非基督徒聽不懂的基督徒語言，唱十八世紀西洋曲調所編成，只適合農業時代的聖詩，或利用十九世紀傳福音的方法和工具向二十世紀工業社會之現代青年傳福音，而一直疏懶於研究發展如何透過現代台灣文化，將耶穌基督救贖的福音介紹給現今之台灣人。

個人盼望以在西非奈及利亞八年之教書與宣教經驗，見證一位東方或台灣基督徒在異鄉跨文化宣教的功用及影響力。以及在異鄉跨文化裡宣教多年的台灣宣教師，對故鄉台灣教會將會帶來的貢獻和福分，並分析台灣教會為何成長緩慢的原因。

東方基督徒在異鄉跨文化裡可扮演角色

任何出生和成長於同一環境的人，只能經由所接觸的固有文化角度來看自己的問題，也就是說：從正面看自己的問題。除非離開自己的故鄉，離開本族、本地和本族文化，到異鄉異族之跨文化環境裡，否則無法從側面或後面不同的角度看自己的問題。自從耶穌基督的福音進入非洲大陸以來，許多西方宣教師付出了無比犧牲性代價，曾有不少西方宣教師在宣教地病死或被殺害，流了許多的血和汗，才把福音的種子撒在非洲的泥土裡。今日非洲教會，從近四十年前開始，漸漸由當地的基督徒接棒，因而教會有一段快速成長的時期，但過不久，發現有許多工作遲滯不進，西方宣教師和本地非洲基督徒能看清楚和做得到的部分，發展快速，但他們看不到和做不到的部分，就停滯在那裡，成為進步的巨大阻礙力量或絆腳石。

這些西方宣教師和和非洲本地基督徒看不見或做不到之部分的工作或問題，往往是東方基督徒能看得很清楚且容易做到的，這是因為各種文化帶來的視角觀點也會不同所致，例如把世界地圖張開而以非

洲大陸為地球的中央點，那麼歐洲就排在非洲之上，北美則位在左上邊，台灣排在右上邊。以上從世界地圖可以看出西方宣教師能看的到和做的到的部分，是非洲問題之上面和左上面部分之側面和後面；西方宣教師無法看見右上方部分之側面和後面，是理所當然的事，非洲基督徒當然只能看得到正面。如更進一步使用透明膠布製造之地球儀看非洲大陸時，台灣會排在非洲大陸右上方（東經 120 度北緯 25 度），北美會排在左上後方（西經 120 度北緯 30-40 度），也就是說從台灣來的基督徒，能看得清楚和做得到的部分，是東經 120 度北緯 25 度位置看地球中心時看到的部分。

以下是個人之見證：我幼年在日本東京長大，中學、大學在台灣就讀，又在加拿大留學進修及工作八年，因此精通英文、中文、日文和閩南語四種語言，也就是說能經由四種不同文化角度，觀察非洲教會和社會。蒙神使用在非洲工作八年的時間（大部分時間在奈及利亞），完成的每一件工作，幾乎都成為非常重要的突破點，因我所到地方，以前沒有東方基督徒從事宣教工作，當時以當地為中心在 1300 英里為半徑的方圓內，沒有第二位東方基督徒從事宣教工作，因此唯有東方基督徒才能看得到或解決的問題，凡我所到之處，幾乎都還沒被解決。因沒有神學文憑，也缺乏加入差會的資格條件，因此只能參加加拿大的世俗團體，到非洲大學醫學院教書，課餘再從事宣教工作，所需經費全靠自己擔任大學教授的薪水。在加拿大至少有兩間教會為我代禱，因為我不屬於任何宣教會，經費也完全靠自己，因此不會受到任何差會的指揮控制，也不用寫報告，或述職、開會等義務。我所做的工作內容全都是宣教會和當地教會看不到、做不到和不願意做的工作。各宣教會之間有互不侵犯各自宣教領域之協定。但我不必受這

些約定的約束（或束縛），雖然受到一小部分老宣教師的為難，這些常給麻煩的老宣教師大多是學識程度差一點，有的較頑固和偏於保守。不過絕大多數同齡或年輕的宣教師都非常友善，互相幫忙，同時當地非洲教會也非常歡迎我，願意和我合作。

台灣海外宣教師
對台灣教會帶來的福分和貢獻

在台灣的基督徒，只能經由當前自己文化的角度，來看自己教會和社會的問題，除非能離開自己的故鄉——本族、本地和本地文化，到異鄉跨文化的環境，否則無法從側面和後面來看自己的問題，目前能從側面和後面看台灣教會的基督徒，幾乎都是來自國外跨文化之宣教師。絕大多數在異鄉生活的台灣基督徒，幾乎都在當地的華人教會或舊式的台灣文化裡生活，只有上班、上學時以當地語言寒暄溝通，少有能完全沈浸在異鄉跨文化裡的，因此從國外回來的台灣基督徒具備異鄉跨文化角度看法的不多。另外，來自國外的宣教師常受到華語的熟練程度和台灣文化習俗的影響，往往也變成以正面（和台灣基督徒同樣的文化角度）的角度去了解和觀察，而無法運用他們自己文化的洞察力看到台灣文化和教會的問題，而僅以不會引起台灣基督徒反感的程度傳福音，使台灣基督徒了解或信服。因此能做到這一點的，可能只有長時間從事跨越自己台灣文化的海外宣教師，具有深度了解異鄉跨文化的背景，否則是不能達到跨文化海外宣教的目的。

其次，可以把台灣基督徒在異鄉跨文化裡扮演的角色倒過來，我們台灣教會還非常缺乏能從非洲和一般第三世界教會與文化角度看台灣教會和社會問題的人才，單一角度（例如台灣文化角度）的視界非

常有限，除非有能充分從各種文化角度或側面和後面看我們教會問題的人才，否則台灣教會增長的速度會一直很緩慢，好像永遠得不到神的賜福似的。從事跨越自己文化的海外宣教本身，就是在預備未來台灣教會的領導人物，和提供台灣教會新的眼界、異象、理想和境界。

華人教會與非洲教會增長速度不同之分析

1. 東西文化交流和南北文化交流之比較和影響

　　東西文化交流往往比南（熱帶地區）北（寒帶地區）文化交流來得容易，這是由於同緯度之氣候型態相仿，即使有時差（或經度）之不同，彼此間的文化交流雖不能很自然，也可勉強互相把對方的文化套進自己的文化裡。台灣教會現有的文化（神學、音樂、崇拜方式、傳福音方法），幾乎都是沿襲十八、十九世紀西方教會，勉強套用在台灣土地上，就如同過去中國大陸大城市裡的外國租界或特別保護區，到今天已是好幾代了，一些生下來就在古典西方教會文化長大的基督徒，早已失去向外傳福音的精神，何況現在台灣都向歐美文化學習，教會很自然擔任起學習歐美文化之先鋒；因此從來沒有察覺到有什麼異樣。台灣基督徒又一向保守，只和基督徒來往，很少離開基督徒圈子到非基督徒社會生活，基督徒之間的來往遠多於和非基督徒之間，和非基督徒相處的時間也只有在上班、上學的時間，教會內、外文化之差異，和現今東、西文化之差異一樣大。非基督徒來到教會，需要長時間適應，才能了解台灣教會基督徒的語言與習俗。所用的傳福音方法和工具，根本就無法套用在現今台灣非基督徒社會，教會音樂也無法滲透到非基督徒的心中，教會增長現象很像外國租界之擴張或分

社，因此教會發展或增長速度緩慢是可想而知，一點也不足為奇。

南北文化的交流很難，尤其是西歐和非洲文化之間的交流，幾乎不可能，這是由於氣候和地理環境有很大差異所致，北半球（西歐）的氣候四季分明，熱帶非洲只有夏天，雨季和乾季，這是歐洲沒有的。非洲大陸的地理型態，大致可分為沙漠、草原和非常稠密的雨林地帶，這三種地形也是歐洲沒有的，因此西方教會文化在非洲大陸再怎樣努力都很難融入。

故此，非洲的教會不得不採取當地的民謠編聖詩，以他們崇拜邪神的方式，除去其中和聖經教訓衝突之部分，盡量保持原有方式來敬拜神；也就是說，主日崇拜裡，有時用跳舞來歌頌神。因此在非洲教會裡，禮拜天上教會成為一件有吸引力、很快樂的事。教會裡所產生的聖詩，往往成為當地村莊的民謠或流行歌曲；聖詩裡的經節，在幾千幾萬次的反覆吟唱中，慢慢深植到他們內心，成為他們自己的東西。

還有，非洲教會對跨越自己部族文化向外發展的看法一向很開放，對於到異部族文化的宣教工作非常熱心努力，遠超過我們台灣教會對鄰近文化（需要學習第二種語言、文化和習俗）宣教之熱誠。老實說，台灣教會目前所謂向鄰近文化之宣教工作，是到海外台僑教會或生活舒適程度比原來好一點的地方，很少是向生活舒適度差一點的地方進軍。台灣留學生在歐美帶領當地同學到基督面前的故事雖然不多，不過也有少數案例，但在留學地點帶領當地人信主，以至建立當地人教會的見證，幾乎還沒有。但是非洲留學生在共產蘇聯時期的列寧格勒（目前的聖彼得堡）市留學期間，就曾偷偷地帶領當地人到基督面前，直到建立當地小教會，這樣的見證早已不稀奇。也常有蘇聯政府派到非洲之醫務人員，被當地基督帶領歸主。

2. 中國大陸傳福音的方法

在非洲服務期間，曾和不少中共派到非洲援助之技術人員接觸過。通常是利用他們到我服務的大學醫院看病時，趁機向他們傳達基督之愛。當我第一次和他們接觸時，心裡非常害怕，因為我孤身一個人，幾乎沒有任何支援和保護。但過不久之後發現，他們也怕我怕得不得了，因為他們知道我曾在台灣讀過中學、大學，並且是個基督徒，在非洲做上帝要我做的工作。他們當中的基督徒尤其怕我，因和我接近時，可能會暴露他們是基督徒的身分，所以故意和我疏遠。我常常觀察中共的基督徒，他們在那麼沒有自由的環境裡，想盡辦法帶領同事認識基督的努力和技巧方法，使我欽佩不已。

他們傳福音的方法總是伺機而變，每個時間、空間、情境和自身的存在都利用到。（我們如果使用現有的方法向他們傳福音，很可能會害死他們）有一次在某地，他們的領隊是最標準的共產黨徒，當他聽到我是基督徒時，不解、震怒到流淚的表情，讓我無法忘記。但是約七、八個月後，在復活節假期，當我拜訪他們時，那位領隊喜氣洋洋地告訴我復活節的意義，他一口氣地說了五分鐘之久，我想台灣最虔誠的基督徒也不可能那麼流暢地講出復活節的意義，使我真是驚奇不已。他說他是從當地非洲基督徒那裡聽來的（其實我早已認出他的翻譯官是基督徒），在他住宅區工作的非洲基督徒也不可能把復活節的意義講得那麼動聽。從各地之經驗，可以感覺到，中國大陸的基督徒並不像政治所宣傳的在減少，反而是一直增加不已，他們傳福音之熱誠、技巧，遠比自由世界之台灣教會高明很多。相信將來中國大陸門戶開放時，基督的福音從大陸傳到自由世界之可能性，將大於從華人教會傳回中國大陸。

3. 非洲教會發展速度和華人教會發展比較

二十多年來，非洲大陸基督教會發展得非常迅速，已達到非洲人口的 52%（據 1979 年之統計）。而在自由世界的華人社會呢？雖然信主比例之多寡不能真正代表教會的增長，但也不容忽視。我們台灣教會對跨越自己台彎或中華文化的海外宣教工作一向很冷漠，連對於鄰近文化的宣教工作也是剛開始起步而已。因此台灣教會可說是非常缺乏能從側面或後面角度看現今和未來台彎教會問題的人才。教會傳福音的方法和工具也顯得相當老舊，只能應用在基督徒社會而無法滲透到非基督徒社會，即使有這些缺點也不自知，更不會順應時勢而有所變化。試想，我們有幾個教會或基督徒願意捨棄以自己母語的傳福音方式，而去學習第二語言來傳福音呢？例如原本在大都市以台語為主要語言的傳福音工作，轉到基督徒數目稀少的客家村莊，學習客家話和客家文化習俗，向客家人傳福音？

綜合以上所言，我們需要謙卑下來，遵照聖經教訓，不但要發展向鄰近文化宣教，也要做跨越台灣文化的海外宣教工作。發展跨越台灣文化的海外宣教工作需要龐大經費之說法，已漸成過去，將來願意做跨越台灣文化之海外宣教工作之基督徒已開始出現。今後若台灣教會能吸收他們的經驗和他們在宣教地之文化角度時，台灣的教會才會有大幅進步。

（1982 年 1 月 3 日）

澄清跨文化宣教觀念

主的靈在我身上，因為祂用膏膏我，叫我傳福音給貧窮的人；

差遣我報告被擄的得釋放，瞎眼的得看見，叫那受壓制的得自由。

～路加福音四章 18 節

　　從路加福音四章 18 節可知，基督的福音是傳給貧窮的、被擄的、瞎眼的和受欺壓的人，因此「宣教師」的定義應是指：到社會安定度、經濟生活程度、教育程度、民主自由度都較自己國家低落之地區、人群中，向那地的百姓傳福音，展現神的愛的工作者。至於到比台灣社會更安定、富裕、自由的地方牧會，就不該如此稱呼了。

　　在基督徒的圈子中，宣教師是受人尊崇與榮譽的稱謂，但不一定受到所有基督徒社會的歡迎，尤其是過去曾是殖民地的第三世界，「宣教師」會被聯想成殖民地的老闆，而遭到阻礙與無謂的麻煩；反而當時不屬任何差會或宣教師身分的我，在非洲比起主內同道有更多傳福音的機會和影響力，和當地人民的關係與被接受的程度遠優於有「宣教師」稱謂的基督徒。因此是否有「宣教師」頭銜並不重要，重要的是，在任何惡劣的環境中，都能保持基督徒的形象和原則，並完成上主託付的使命。每個基督徒都是直接連結於三位一體的上主，是上主偉大計畫中的一個角色，在上主的眼中都同樣寶貴，不會因為任何的稱謂或頭銜而有地位的高低與尊卑之分別。

　　許多台灣基督徒認為，最好的傳道人或最愛主的僕人，才會被選召到歐美生活水準高的地方，只有差勁的，才會被選召到落後偏遠地區，例如第三世界的國家。事實上，歐美各國的教會，除了選派史懷哲博士到非洲事奉神以外，幾乎都是選派最優秀、有能力的宣教人員，包括最優秀的醫師、護士，去到最偏僻的非洲鄉村或最艱難地區事奉神。因為要在第三世界偏僻的地區生存已經很困難了，何況還要從事傳福音、醫療、教育，甚至社會改革，那自然是難上加難的事；此外，第三世界各地間的差異又大，需要隨時調整修正或重新來過，時時刻刻充滿著挑戰，若宣教師不優秀，也無法承受那麼艱鉅的工作。反而被派駐到都市或環境舒適之地的，是差一些或不是最優秀的宣教師。絕大多數在偏遠地區服事的宣教師與專心翻譯聖經的宣教師或語言學家，都是具有擔任大學講師以上的學歷和資歷。

　　在多數人的心目中，非洲是蠻荒落後之地，充滿毒蛇野獸和吃人的土著。事實上，現在的非洲想看毒蛇野獸，也一樣要到野生動物園才看得到，吃人肉的土著也早已成為歷史陳跡。此外，對於非洲的氣候，一般人都認為是炎熱不堪，不適合我們居住。但事實上，非洲幅員廣闊，面積約為美國的三倍，因此非洲有不少地方氣候涼爽（全年只有春季或秋季而沒有冬天或夏天），也有地方會下雪，有一半的地方是氣候乾爽的。

　　那麼到偏遠艱難地區宣教，是需要付出無比犧牲代價的偉大事業嗎？其實不然。預備付出無比犧牲代價的決心，是每個基督徒都需要具備的，但是我相信，在完全付出的同時，上主也會加倍的賜福，並以更多新的經驗和新奇的知識加添給願意付出的人，使他們獲得更有智慧及豐富的人生。海外宣教師心中所憂慮的，不是不願意付出，而

是所付出的是否有意義和價值，也就是有價值、有意義的付出，才是他們共同的心願。

以個人在非洲的經驗，歐美各知名大學，都常與偏遠地區服事的宣教師聯繫，希望能取得許多學術研究的新材料，盼望能在服事神與貢獻人類的偉大事業上有分。其他依照小兒科教授的估計，在非洲一年的經驗，能抵上歐美各大醫院十年的經驗，許多在歐美各大名醫院要花上十年才可能遇上的新奇病例，在非洲不但一年內就可能碰上，還能親自參與治療（在歐美，唯有資深的才有機會）；而外科教授則估計，一年的非洲經驗抵五年歐美醫院的經驗。故西歐各大學醫院也紛紛與非洲各大學醫院建立建教合作關係，派遣大批實習醫師到非洲各大學醫院工作，以獲得寶貴的臨床經驗。現代最新特效藥，便有許多是來自非洲、南美洲、偏遠或叢林地區巫醫們所用的草藥，經過分析、提煉、精製、合成而來的。因此，落後世界、偏遠地區往往被公認為醫學研究的大寶藏，非常具有挑戰性，無意中創造出新學說或有新的發現、發明，而被推崇為世界知名的醫生或學者，是時有所聞的事。故此，我以自身觀察認為，越有學問、越多才多藝的人，越是覺得到非洲偏遠地區服務是一件有趣、且充滿人生意義的事。所以，到非洲偏遠地區服事是無比犧牲的偉大事業，實在是極其謬誤的想法。

推行跨文化宣教原因

華人教會一向對跨越自己文化的海外宣教工作並不熱衷，也不關心，不了解參與這跨越文化的海外宣教工作將會帶給華人教會的福分和貢獻。所抱持的理由不外是，世界上 1/4 的人口是華人，為這廣大工場要做的事那麼多，哪有餘力去關心別人的事？何況跨文化海外宣

教的工作，不僅宣教人員應具備的基本素質和條件嚴苛，需要龐大的
經費與長期的訓練，有哪一位青年基督徒願意這樣犧牲奉獻呢？但教
會歷史告訴我們，在同一環境出生和成長的人，只能經由其固有的文
化角度來看自己的問題；除非他離開自己的故鄉、種族和文化，到異
族、跨文化的異鄉，否則無法從其他角度或觀點看見自己的問題。因
此過去教會一向認為，完整強勢的中華文化和五千年來根深蒂固的文
化習俗，正是耶穌基督福音在中華國度不易被接受的主因。

　　然而，我到達非洲後，發現事實並非如此。華人教會傳福音的方
法完全移植西方歐美的那一套，與我們周遭的環境和今日的中華文化
毫無連繫。換句話說，就是使用古典西方傳福音的工具來向現代東方
華人傳道；用非基督徒聽不懂 的基督徒語彙，唱以十八世紀西洋歌曲
的音調所編成，只能套上農業社會的聖詩，完全照單全收，卻懶於研
發現代華人能接受的傳福音方法。

　　一位東方基督徒在異鄉跨文化裡可扮演的角色，正如看問題的觀
點，是能夠提供給當地不同角度的解決方式。例如非洲從過去有許多
西方宣教師付出許多血汗，撒下許多福音的種子；殖民地獨立後，漸
漸能由當地基督徒接棒領導，教會也隨著有一段快速成長的時期，但
是不久，就開始有許多工作遲滯不前，那是因為西方宣教師和當地基
督徒能看到和做到的部分完成了，但是他們看不到和做不到的部分，
就停在那裡，且漸漸成為進步的重大阻力或絆腳石。我發現，這些西
方宣教師和當地基督徒看不見或做不到的工作或問題，往往是東方基
督徒能看得很清楚且容易做到的。因此我以其東方基督徒能見的角度，
看清楚並解決他所服事地區（以往並沒有來自東方的基督徒）的問題，
成為突破問題瓶頸的重要關鍵。

　　熱心於從事跨文化宣教的教會，其增長或發展速度往往最快，最蒙神賜福。台灣的基督徒只能經由現今自己原有的文化角度，來看自己的教會和社會問題。除非離開自己的故鄉，到跨文化的異地和環境裡，才能學習跨文化觀看事情的角度，否則無法從側面或後面看到自己問題的癥結。目前能從側面和後面角度觀看華人教會的基督徒，幾乎全是來自國外跨文化的宣教師們。即使我們有從異鄉生活回來的華人基督徒，但全因這些華僑多仍是生活在華人的圈子裡，難得有幾位是完全浸淫在異鄉跨文化裡，因此他們少有具備異鄉跨文化的觀點。來自國外的宣教師也常因自身華語的熟練度和對中華習俗從正面（與華人一樣的角度）了解的限制，無法將他們從自己文化角度的洞察力看到中華文化和教會的問題，以不引起中華基督徒反感的程度，真實地反映出來。因此若要做到這一點，除非願意到異鄉學習跨文化，否則是不可能達到的。

　　南北半球、赤道附近或熱帶地區，因氣候和地理環境的南轅北轍，文化的交流是很困難的，因此西方教會文化要勉強套用在非洲大陸是不可能的。非洲教會於是採用當地文化習慣的方式來傳福音，例如以當地民謠調子作聖詩；在崇拜邪靈的方式裡去掉與聖經衝突的部分後，盡量以原方式敬拜神，也就是有時會以跳舞來歌頌神，聖經的經節在他們熟悉的旋律中反覆吟誦，漸漸滲入他們的心中。

　　非洲教會一向很開放，熱衷於超越自己部族文化向外發展到異部族文化的宣教工作。因此非洲大陸基督徒教會的發展非常迅速，已超過總人口數的一半，而華人教會增長的速度向來緩慢，好像永遠得不到應得的神賜福似的。因此我們要謙虛，遵守聖經教訓，不但要發展近文化的宣教工作，也要從事超越自己中華文化的海外宣教工作。日

後，當我們跨文化宣教師回到台灣時，他們便能從宣教地文化的角度觀看台灣教會和社會的問題，並以宣教地文化的精華和傳福音方法及策略上的優點或勝處，貢獻給台灣社會和教會。現在這事工需要龐大經費的說法已漸成過去，應該要有越來越多基督徒的委身投入，以提供華人教會新的眼界、異象、理想和境界，並為未來華人教會預備全方位的領導人物。

爲跨文化宣教的預備

有志到跨文化海外宣教的基督徒，首先應該安靜尋求神的旨意，絕對不要趕流行。因為海外宣教和服務的工作常會遇到意想不到的難題，而使不清楚上主旨意者挫折地離開崗位。只憑熱心自願向上主祈求差遣者，在工作上很難維持兩年以上，他們幾乎沒有或很少具備基本素質，反而那些具備基本條件（或素質）者，一開始就自願的相對很少。

擔任跨文化海外宣教師的基本條件，應該是興趣廣泛、知識廣博、具有多種技藝，以及多樣文化的背景（意即會操多種語言、或曾在不同的國家、社會中住過不算短的時間者）。興趣廣泛可能是幼時發展的結果，其餘的條件都是靠後天努力和訓練培養出來的，因此，有志者在校時如有機會，應作廣泛學習，而不要太過專攻某一兩門課，寧可念得廣泛有用處，不必過於深入。打個比方，就好像偏遠地區最有生意的是雜貨店一樣。特殊外語或跨文化的背景，可以到目的地學習，才能得到觀看事物的新視角。一般作法，可先到國外留學後再到目的地，或先到目的地生活一段時間後，再到第三國留學，以得到更廣泛之專業訓練。在國外期間，應盡量努力打入異國文化，才能充分學習

到跨文化的思維方式。此外，不要單和基督徒相處，也應該學習如何和非基督徒相處及溝通。

在未開始跨文化海外宣教和服務工作之前，必須對宣教服務地點之語言、文化、生活習慣和環境生態，作充分的了解。另外，還應取得海外宣教方面的一般資訊，我推薦的入門書是：Michael Griffiths 所著的 Give up your small ambitions, 中文譯為《捨網》，校園團契出版。影片方面推薦的是「教會（Mission）」和「修女傳」（奧黛麗赫本主演），影片中的主角，就像各宣教會和宣教團體的縮影，拍得很寫實。到了海外宣教地也要不斷地研究學習，如何使神的福音在當地居民中容易被了解，幫助他們過有意義的生活方式，並使神的名得榮耀。

路加福音五章 36～39 節說：「耶穌又設一個比喻，對他們說：『沒有人把新衣服撕下一塊來，補在舊衣服上，若是這樣，就把新的撕破了，並且所撕下來的那塊新的，和舊的也不相稱。也沒有人把新酒裝在舊皮袋裏，若是這樣，新酒必將皮袋裂開，酒便漏出來，皮袋也就壞了。但新酒必須裝在新皮袋裏。沒有人喝了陳酒又想喝新的，他總說陳的好。』」

除了智識、技藝上的預備，前往海外宣教的心態必須如以上經文所說，不能抱有優越感或去教導對方的心態，總要虛心學習當地的語言、風俗和習慣，並找出能套用又合乎宣教地需要的宣教、醫療、農業、教育等方法，以解決問題。千萬不能硬將宣教師自己的文化套上去使用。對宣教地原住民的宣教和服務是一種雙向的溝通，而非單向的宣導。因此，最基本的跨文化教育法或傳教法是，先虛心學習傳福音對象所擁有的各種精華。教育本是雙向的溝通，是彼此文化的交流；在熱心學習對方優點的同時，聽聞福音的對象也會開始向求教者學習

他自己本身沒有的東西。

此外，傳福音或教育對方時之穿著，外表盡量和對方一致或相同，這樣才不會轉移學習的注意力，對方才能從宣教師那裡學到他所沒有的東西（神的福音）。許多失敗的宣教事業都肇因於，宣教師以自己家鄉的文化、習俗、方法或先進國家的解決模式來解決當地的問題，結果反而使當地環境生態和人文生態失去了平衡。況且做任何事的終極目的若不是使人得著神的福音，其結局往往歸於幻滅。我舉了一個有趣的例子，若只向病弱的小偷做醫療服務，那麼不過是讓對方成為一個健康的小偷；要讓他改邪歸正，唯有神的福音才能辦到。

對台灣年輕基督徒醫療人員之一點建議

許多年輕的台灣人，希望到生活舒適的歐美地區發展；但在歐美的年輕人，卻希望在年輕時能到最原始、生活方式非常簡單之東南亞、非洲、中南美洲等經濟落後之地區，去體驗原始生活，並和當地人共同改善當地之生活。這是觀點的不同所致。人生的意義到底在哪裡？是安樂舒適的生活，或是去經驗原始世界，開拓人生的新境界？許多人說，一個小兒科醫師在非洲一年的經驗，相當於在歐美十年的經驗。外科也是一年可抵歐美五年的經驗。因為在非洲什麼病都有，而研究種種方法，把這些疾病一一克服，不就是醫生的心願嗎？事實上，除了長期服務的宣教醫師以外，還有不少歐美國家的年輕醫師來此從事短期服務，一方面工作，一方面經驗學習，增廣許多知識與見聞。第三世界很落後，所以很有發展的潛能，若以適當的方法，將可大幅縮短現代化所需時間，這對在文明世界的我們來說的確是一大挑戰。

史懷哲博士很高明，可是若他沒有去非洲，而是留在歐洲，是不

是還能做出那樣輝煌的事業，揚名於世呢？我想，他很有可能只成為一位平凡的教授，過著無聊、千篇一律的生活吧！文明世界的老人自殺者不少，無聊、失去人生意義，應該就是其主要原因。

海外宣教 18 問（上）

　　從幾個月前之教會公報得知，阿美中會張英華牧師到菲律賓山區擔任海外宣教師，又在同一期報導，針對過去我們教會對海外宣教缺乏了解，而作修正之「海外宣教師」的定義。這些簡單的報導使我認為，台灣教會對海外宣教的認知已有了突破。記得九年前，我們長老教會總會決定「海外宣教師」之定義時，徐育鄰牧師、馬好留牧師和我，也被邀請參與在台南神學院的二天二夜研討會。我當時曾提議「海外宣教師」名稱定義應該是：到（一）海外跨文化之土著中，且（二）社會安定度和經濟狀況比本國低劣之地，事奉上主之主內兒女的稱謂。這一提議在當時或許被認為過分新奇，而得不到回應，那時馬好留牧師拉著我離開會場到外面，告訴我他完全贊同我之觀點，但與會者除了他、徐牧師和我之外，都不是身歷其境之經驗者，因此應該體諒他人……。於是在投票表決時，馬牧師和我都不敢表示任何意見，糊里糊塗地讓它過關。其實目前之定義早在十五年前就在非洲宣教師的世界裡成為笑柄。但可悲的是，我們教會還是把人家的笑料拿來作為定義而自誇。

　　大約二十年前，台灣有一個基督徒醫療團體簡稱 CM，經常向我邀稿以報導非洲現況。因此我寄上所有用中文、日文和英文寫出來的各種報告，同時也介紹當時在奈及利亞叢林地區擔任醫療宣教師的糜鳳梨醫師（Dr. Jennifer Mee，小兒科醫師）在回台省親之便和 CM 認

識。我的用意乃藉此告訴 CM，華人早已經有優秀的海外宣教師，其工作環境之惡劣，任務之沈重和緊迫，犧牲的精神與成績之優秀，絕不亞於任何世界各地之明星宣教師們。但奇怪的是，當時的 CM 非常熱衷於用金錢援助在尼泊爾行醫之日本海外醫療宣教師們；而曾經是 CM 的會員，又常常被邀稿於 CM 月刊的我和糜醫師，不但得不到任何金錢援助和鼓勵，有時還把我報告的片段當成笑料刊登在月刊上，當然也沒有得到任何稿費，但是被當成笑料的那一份日文報告書，當時在日本各大學是食物生態學和疫學課程指定的參考文獻。

　　在一次偶然的機會，我認識了這些 CM 用金錢援助的日本醫師之後，才得知上述消息，我當時非常悲憤和不滿，日本醫師也安慰我，並說他們覺得 CM 還不懂得何謂醫療協力。日本醫師也非常訝異聽到 CM 只關心日本人在海外的醫療宣教工作，卻不關心自己同胞在非洲的海外醫療宣教工作。這到底表示什麼？是台灣人傳統奴隸性格的表現（當時很多 CM 的領導人都曾是留日的學生）嗎？或是根本瞧不起自己的同胞能做些什麼？其實我們長老教會之牧長和會友當中，被上主呼召到海外宣教的，早在六十多年前就有了。只是他們不是由總會差派，而是自己單身赴任，或是參加外國差會。以上兩個例子可以看出，我們教會亟待認識「海外宣教」和其代表的意義。我以曾是身歷其境的經驗者身分，試著向諸位讀者說明「海外宣教」需要的認知和其意義。

1. **台灣需要福音的地方那麼多，目前作工的人那麼少，還需要國外宣教師支援，為何我們教會還要派宣教師到海外？派人到海外宣教對教會有何幫助？**

　　台灣人面對台灣問題時，最先是以台灣文化的角度來看，也可說是從正面看的角度。這裡文化角度的定義是，用地球儀標定一個語言發源地點，劃一直線到地球中心所形成之角度。因此台灣人用母語文化看台灣問題時的角度應該是零度。來自海外的宣教師們，每一位都有他們的母語和許多第二語言所代表的文化角度。換言之，他們能從許多其他文化角度來看我們的問題；從英國來的，能從台灣的後上方看我們的問題，因地球儀上英國的位置是以台灣為正面位置時之後上方，其他可以此類推。因此從台灣到海外的宣教師們，理應能從台灣的文化角度看宣教地的問題。海外宣教師們看到的問題層面，往往是當地人士看不懂或無法了解的。不過要解決宣教地之各種傳福音及社會服務工作的問題，仍必須從當地文化習俗，並透過當地人的語言，才能達到目的，這乃是理所當然的。

　　而派到海外的宣教師回到國內時，他（她）們也能從宣教地的文化角度看台灣教會和社會的問題（如同在台灣的海外宣教師），同時也能帶回宣教地文化的精華，以及傳福音方法、策略上之優點，或優於我們之處，貢獻給台灣教會和社會。因此選派優秀的宣教師到海外服事主，對明日的台灣教會只有好處，沒有壞處。

2. 何種人材最適合擔任海外宣教師？

　　具有廣泛的興趣、廣博的知識、多方面才藝和多元文化背景（即會操多種語言，或曾在幾個不同國家或社會住過一段不算短時間者）的基督徒，是擔任海外宣教師的基本條件。但這基本條件除了廣泛的興趣是幼兒學前期父母的努力之外，其餘的都得靠後天的努力和訓練培養。台灣的基督徒非常尊敬的史懷哲博士（Dr. Albert

Schweitzer），若沒有那麼廣博的學識，照樣做不來。沒有受到現代西方文明侵襲的原始民族共有的天分，是音樂和歌舞能力，以及遠優於工業都市居民的感官敏銳度。因此，音樂便成為語言尚無法溝通之外來宣教師和土著之間的唯一接觸點，就如同影片「教會」（Mission）所描述的。學會原始民族或土著語言的速度，本來就是會講越多種語言的人學得越快。

以下是個人的親身經驗。1971 年到 1973 年，我被安排在西非奈及利亞內戰戰敗地區的一所破敗不堪的國立大學醫學院教書。那一地區之原住民是 Ibo 族，Ibo 語的音調剛好和閩南語的八音相同，有趣的是，伊博族（Ibo）和台灣的鄉下人之思維方式非常相近。因此我分析當地社會和學生問題時，把所看到的現象套在台灣鄉下情況而用英文解釋出來時，至少有 2/3 會猜對，因此很早就被誤認為是「很有經驗的社會學家」。但我在那時之前，真的沒有看過社會學的書，因此無法回答向我求教的社會學系學生的各種問題，他們反而認為我很謙虛。語音系統相近的民族間其思維方式的相似度，在人類學中，似乎還沒有被探討過。

3. 對海外宣教工作有興趣者應注意什麼？

首先，絕對不要趕流行，要安靜祈求上主的旨意，求問祂到海外宣教是否是祂對你的旨意。因海外宣教和服務工作常常遇到意想不到的難題，很容易使不清楚上主旨意者感到挫折而離開崗位。只憑熱心像舊約大先知以賽亞向上主祈求差遣的，很難在工作崗位上維持二年以上。那些只憑熱心志願者當中，具有基本素質的幾乎沒有。而具有基本條件（或素質）者，通常事先就被上主抓住，但他們當中一開始

就志願的並不多。雖然如此，二年的經驗應該是寶貴的。至少已經接觸到跨文化，增加不少見識和多具備一個新的文化角度。其次不妨先取得海外宣教方面之資訊。我喜歡推薦的入門書是 Michael Griffiths 寫的 Give up your small Ambitions，中文譯名為《捨網》，校園團契出版（原文書寫得非常生動有趣）。影片（或影帶）推薦的是，「教會」和「修女傳（Audrey Hepburn 主演）」。兩部影片都傳拍得很寫實，就像是各宣教會和宣教團體之縮影。

至於宣教師的工作成績，當初還沒有到達宣教地就宣稱已百分百清楚上主的旨意或使命者，反而遠遜於不是一開始就百分百清楚上主旨意或使命的人。前者通常屬於學歷低、經驗少的靈恩派或保守派，後者多屬於學歷高、經驗豐富的自由派者。這是很有趣的現象。

4. 從宣教觀點來看，第三世界是怎麼樣的地方？

第三世界也被稱為發展中國家。如同發展中的兒童或年輕人，他們比較不懂得感謝，只求利益和別人的援助，卻不懂回饋和幫助別人的國家或社區。當他們開始懂得感謝或可以去幫助別國家或社區時，就已經不是發展中國家，而算是先進國家和社會了。此外，台灣媒體報導的和身歷其境時差異特別大。例如：滿一歲前之嬰兒死亡率，同樣的數字在北半球是千分之幾計算，但在赤道附近之第三世界，除了經濟狀況好的中東以外，都是以百分之幾計算。經濟社會結構在北半球很穩固，但在赤道附近的第三世界則相反，是很脆弱的。黑人非洲和台灣之比較大約是慢台灣一百年以上，也就是說一百多年前的台灣就是目前的黑人非洲。先進國家之資訊設備，落後國家也有，只是數量少而已。所以第三世界趕著要追上先進國家，往往如同在凹凸不平

的路上跑步，容易跌倒，也常會發生各種激變。換句話說，第三世界很像是常有龍捲風或暴風雨吹襲的世界，是一個動盪、瞬息萬變的世界。因此，要報導非洲的需要和宣教工作的代禱事項就很難。因為今天寫出去的，明天可能就不應排為代禱事項了。

在先進社會裡一天可以完成的事務性工作，在第三世界裡，常被公文旅行而延遲幾個月，甚至一年。但另一方面，以在先進國家社會的標準，終其一生也不可能完成的所謂偉大事業，在落後世界裡，一兩年或兩三年就有完成之可能。我的經驗是，任何偉大事業的完成需要三因素：即適才、適所，和適時之相互配合。在大範圍裡適所和適時純粹是上主的工作，適才只不過是上主的工具罷了。在第三世界裡，剛剛能套上當地土著之需要和當地文化習俗的工作，會迅速擴散流傳，就像被龍捲風吹襲或傳染病的傳播似的，讓人瞠目結舌。因此報導在非洲之宣教工作成績時，很容易誤導在先進國家之讀者，包括台灣，而被誤認為超人或非常了不起的人物，或者變成吹牛了。因此我過去在非洲時不敢輕易地報導自己的成績，除非是面對面之溝通，能有時間附帶說明其背景和非洲特殊情況。對此我常以哥林多前書一章27～29節的經文自勉，就是上主喜歡揀選那些被認為愚拙的，去完成人們眼中偉大又聰明的人所做不到的工作。

5. 以個人親身經歷，將來從台灣教會派出去海外宣教師，會有何種功效？

我在非洲被安排的地點和所從事的工作，往往是那領域裡的第一個台灣人或東方人。因此我可以從台灣文化角度或東方文化角度來看問題，有些一直被擱置，或未被碰觸的事情，我反而可以看得清楚或

容易做到。這時我通常選擇最緊急、自己有自信做到的工作，也就是從我的文化背景才能看清楚和容易做到的工作。而工作的成績往往對當地、非洲全地，甚至所有第三世界構成很大突破。

上主安排作我上司的，前兩年是一位 68 歲退休教授，因過不慣退休生活，和我一起從加拿大到非洲服務。他退休前是世界聞名的腦神經化學學者和加拿大馬紀爾大學生化學系主任。接著四年是一位 64 歲退休教授，也是世界聞名的血液學雜誌總編輯，和英國倫敦大學的病理學和血液學的教授。他們雖然都不是熱心的基督徒，但都具備豐富銳利的國際眼光，且能看準我的特殊背景和恩賜，而盡量給予充分的自由時間和發揮空間。我若有好成績，除了榮耀歸於上主外，也應該感謝這兩位上司的銳利眼光和成全。將來從台灣教會派出去的海外宣教師去到第三世界各地，也將會有和我相似的經歷，因為世界各地，尤其是整個第三世界，急需要從台灣來的基督徒去做突破性的工作。日後，他們又可帶著宣教地之文化角度觀點和文化精華回到台灣教會，使台灣教會之增長更加快速。

6. 海外宣教師應有何種心態？

首先，絕對不能抱有優越感或意圖去教導對方的心態。上主是公平的，人的頭腦有好有壞、銳利或遲鈍，分佈在世界各地，包括落後地區和以色列，都是一樣的。講到此，路加福音五章 36 ～ 39 節，新舊之比喻講得很好，因此更不該有到異地發揚中華文化或揚名立萬的心態。發揚中華文化之精神只允許在先進國家或像北美，由許多民族構成之國家社會裡，但在落後國家原始民族裡將會越幫越忙。海外宣教師應有的心態是，到達目的地後，虛心向當地居民學習他們的語言、

風俗、習慣，並發展出能配合當地又合乎需要之宣教、醫療、農業、教育等方法，去解決他們的問題，絕不能拿出宣教師的故鄉文化直接套用在他們身上。

對宣教地原住民宣教和服務，都是我們和對方之間的雙向溝通，而不是單向宣導。我們向他們學習的同時，對方也在學習我們，只是向我們學習的東西不一定是我們希望對方學習的。因此宣教師會一再地被要求要竭力和當地服飾、生活習俗融合，以期對方向宣教師的學習能集中在宣教師要對方學習的焦點上。舉一實例，在非洲的鄉村，有一從事婦女工作的宣教師，她在工作了五年後才很震驚又失望地發現，當地婦女喜歡她的原因和經常關注她的焦點，是她的打扮和服飾，而不是聖經的教訓和其他婦女工作項目。

另一方面，我在非洲時也常聽到這樣的見證，就是教土語給新來宣教師的保守派回教徒在學生還未出師之前已經變成基督徒了。失敗的宣教事業往往肇禍於，宣教師們一相情願地掏出自己家鄉的文化、習俗、外觀給對方，或以先進國家之解決模式試圖解決當地的問題。究其根本，不外乎是因為使當地環境生態和人文生態失去平衡。因此，人類學和人類生態學將是海外宣教師培養課程裡的必修學分。

7. 海外宣教師需要何種支援團體？或應加入何種宣教團體？

這完全要看上主的引導，並沒有一定的公式。以個人之經歷，在非洲八年期間，前兩年是參與加拿大大學海外服務團之故，曾有事務上之支援，但其後六年是完全自立、自傳、自養狀態，雖然當中有過零星之捐助，但代禱是所有海外宣教師們共同的需求。也可以說，宣

教工作的成績是宣教師和代禱者以及支援者共同之成就，而不應只歸功於宣教師們的努力。自立或加入某一宣教會，都有其利弊。加入宣教會的問題，和「修女傳」及「教會」影片演出來的幾乎一模一樣。在開始一件新事工（Project），需先得到所有同伴和總部之認同才能開始，這在瞬息萬變的第三世界是很大的阻礙。選擇自立的宣教師，並不需要別人的認同就可開始新工作（Project），並且能適地適時，也不必寫工作報告等（寫宣教會的宣教工作報告相當費時），但往往因得不到別人之認同而孤立無援。

CM 領導者們非常尊敬、並曾用金錢支援在尼泊爾做醫療工作的日本基督教海外醫療協力會之招牌人物，日本國立神戶大學醫學部的岩村昇教授，曾在十年前對我表示羨慕之意，因我不屬於任何組織，能隨心所欲地去工作，而常有轟轟烈烈的成績；而他所屬的團體（簡稱 JOCS）簡直對他們縛手縛腳，外行人指揮管理內行人的事業，無法隨心所欲地去發揮，因此成績或成效大打折扣。在此我要特別再強調，上主對我們是公平的。海外宣教師或宣教團體，有的很有錢，如同 JOCS 和 Dr. Albert Schweitzer 遺留下來的醫院，而有的像我常常鬧窮，也為了娶不到太太和孤單寂寞而常常叫苦連天。但上主往往把轟轟烈烈的成就機會賜給情況最慘烈的。海外宣教師基本條件（素質）不夠的，通常會參與宣教團體；條件（素質）夠的，則往往會選擇自立。我在叫苦連天之時，代禱者經常來信安慰，並強調我的任務只有單身漢才能做得到。

8. 台灣教會今後應如何培養海外宣教師？

以目前台灣的教育環境和教會對海外宣教認知之缺乏，是不可能

在本地培養出具備各樣基本條件之海外宣教師。日本教會在這一點上也做不好或做不到。比較可行的方式是，由總會或神學院委託差會找出一兩位，至少身歷兩處以上宣教地之駐台外國宣教師（如同過去在南神的 Dr. & Mrs. Geltzer），配合本地有實際經驗者，開班授與志願者基本學識和常識，並經過各種管道之篩選後，送到歐美或東南亞訓練機構受訓，並加入和我們教會有合作關係的外國宣教會，到宣教地去傳揚福音。

真正有用或有效率的海外宣教師人才，各國都很難找到。歐美，尤其西歐派出去的，往往是他們本國最優秀之人才。日本政府外務省（等於我國外交部）官員曾透露，日本政府正派出一大批援外人員，但是當中真正有用的，不到總數的十分之一。此外，任何重大援外事業，如果在當地沒有基督徒（宣教師）之協助，根本做不到。

9. 宣教師之定義為何？

宣教師之稱謂，是譯自英文 Missionary，帶有使命者之意。海外宣教師只是工作地點在國外跨文化環境而已。而基督之福音，基本上是路加福音四章 18～19 節所提到的，是向貧窮的、被擄的、瞎眼的和受欺壓之人傳福音。因此宣教師的定義應該是：到社會安定度、經濟生活程度、教育程度、民主自由度，都比自己所在環境更低劣之地、人群、社區傳福音，展現神的愛之工作者的稱謂；而不應該是從台灣去到比台灣社會更安定、經濟生活更富裕、教育程度更高，更能享受充分自由之國家的台灣人教會牧會者。也不是從台灣到國外留學或移民而取得外國籍之後回到台灣故鄉的人，尤其後者自稱外國海外宣教師早已在國際間成為大笑柄。

　　宣教師這稱謂在基督徒圈子裡已成為受尊敬之榮譽，但不是所有的基督徒社會都能歡迎和尊敬之稱謂。尤其過去曾經是別國之殖民地的第三世界，宣教師會被聯想為殖民地的老闆（Colonial Master），遭受許多阻礙和不必要之麻煩。當時不屬於任何宣教會而沒有宣教師稱謂的我，反而比有宣教師稱謂之主內同道有更多傳福音的機會，和無比之影響力。不管在與當地土著間之關係，或被接受認同程度，都遠優於有宣教師稱謂之基督徒。因此有沒有宣教師的稱謂並不重要；重要的是，在任何惡劣環境或處境下還能保持基督徒之形象和原則，並能完成上主的託負。畢竟每一個基督徒不管有沒有任何頭銜，都直接連結於三位一體之上主；每一個基督徒所扮演角色，都是上主偉大計畫中的一個小角色而已。因此，不應從頭銜來決定一個基督徒的地位或受尊重程度。每一個主內兒女在主面前都是同等重要的。

10. 宣教師子女的教育問題怎麼解決？

　　這個問題沒有一定的公式可以交代，完全要看個別家庭在駐在地當時之環境和情況而定。我在此舉幾個常見例子供參考：

　　(1) 把子女送到駐在國宣教師子女學校寄讀，以免和本國教育系統脫節。但此法費用不便宜，不是所有華人教會或宣教會能負擔得起。

　　(2) 把子女留在本國託親人照顧，就讀本國學校。但子女們和父母之間感情或親情的疏遠是必然的代價。

　　(3) 把子女送去駐在地小學和中學就讀，除非駐在地學校的校風很差，或子女會遭受到歧視虐待，否則這應該是最好的解決方式。當然駐在地學校之教育體制及內容，和本國之教育體

制、內容會有差異。子女回國時會產生一些適應上之困難，甚至會被懷疑產生程度趕不上而被降級之問題。但小學生對新環境之適應能力，越年輕越快適應是眾所皆知的事。許多適應上的問題根本不需要成人擔心。雖然子女們在駐在地學校學到的東西和本國學校裡的教學內容不相同，但子女們到底是學到了許多本國學校裡學不到的東西。作父母的對子女有必要給予一些補習教育，而其要點除了做人之原則、信仰和禮節外，補習內容只要注重數學和當地語言表達能力就夠了。數學理論和應用是國際通用的課程，其基本概念、培養子女之思考力，和難易程度都是國際性的，不可能被不同的學制所影響。

以下是我親身經歷和親眼看到的一些事例，提出來供讀者參考。我在小學五年級前是在日本東京長大，小學二年級時太平洋戰爭爆發，四年級時，因東京開始受到盟軍轟炸，被迫疏散到鄉下，五年級時停戰，升六年級時回來台灣念中文學校之六年級，四年級到六年級因戰爭與敗戰的混亂而失學一年。回來台灣進入中文小學之六年級時，才開始學北京話和台語。轉學後第一學期之數學隨堂考試，常常考零分，國語更不用說，但是從後面追上來的能力，也就是對新環境之適應能力並不差。學年結束時，一樣地和別人一起畢業，並考上中學。同樣的情況亦發生在我其他兄弟姊妹身上。雖然我和自己的兄弟姊妹之國、台語表達能力到今天還差人一等，但到底獲得許多別人沒有的東西，能使我們兄弟姊妹在教會和社會中有和別人不同之貢獻，以及根本不需要和別人競爭的影響力。

另外一個例子是我的朋友夫婦，他們都是在台灣出生和長大之日

本人，男方念到台北市師大附中的高一，女方念到小學六年級，就隨父母回去日本，轉學到日本之學制裡。他們都沒有被降級，並且高中畢業那一年都考上京都大學醫學部。現在兩夫婦都是醫師。先生後來曾到北葉門（中東國家）服務三年，並有非常輝煌之成績。雖然他的國、台語已經不靈光，幾乎全忘了，但他們的文化背景裡還有中文和台語的文化視角，看問題比起土生土長之日本人更立體化，並更能掌握問題之癥結。我在家裡是最不會念書的孩子，高中時期國文程度太差而留級過，大學入學考第一年沒有考上，但人生應該不會因這二、三年而有所差別（我目前之職業是大學教授）。一個人之成功，不可能只靠學業成績。其他做事能力、和別人相處能力、思考能力，和許多廣博之學識、常識，以及文化背景，都一樣重要，這些都很難在國內高中學到。

人人敬愛的華仁愛女士（美國宣教師），過去曾是台北馬偕護校的校長，她的父母是美國駐日本之海外宣教師（在日本的明治時代），她的父母為了認同當地人，把子女送到當時還被認為落後的日本小學和中學就讀，因此她所受的教育完全是古典式日本女子教育，她長大後被上主呼召，到福建沿海地區成為醫療宣教師，大陸淪陷後轉來台灣，就任馬偕護校校長。她是我畢生最難忘的優秀宣教師之一。我手上缺乏宣教師資料，但在宣教地就學的宣教師子女，後來很多都成為非常優秀之宣教師（宣教地點大都不在其生長地）。因他（她）們在成長教育過程裡得到非常難得的跨文化背景。跨文化背景是成為海外宣教師之最基本條件之一，並且很可能是最寶貴的一項。

11. 宣教師父母老後照顧問題

　　沒有一位第三世界的居民會接受或諒解，把年老父母放在養老院，而自己到海外宣教的做法。因此，照顧年老父母應該是海外宣教師們的天職之一。到底要留在宣教事業或回國奉養父母，完全看當時有沒有其他親人在照顧老人家而定。如沒有親人在照顧，就應該結束海外的工作回國，直到老人家被上主接去為止。

12. 宣教師父母的心態問題
（補充宣教師子女的教育問題）

　　子女的教育問題主要決定於父母之心態。希望兒女能出人頭地，是天下父母的共同心願。如果非要子女在國內發展，就得擔心是否趕得上國內教育程度問題。我常常強調，要使子女意識到父母的故鄉，但子女未來之人生舞台不應限制在國內，應讓他們自由發揮。子女們的根是在父母的故鄉，但全球各地都是子女們未來之人生舞台，同時應勉勵子女以為主實現路加福音四章 18 ～ 19 節之理想為人生最高目標……當這些觀念能從小奠定，宣教師的子女教育問題就簡單多了。

　　見識和知識範圍越廣，越能看得遠；文化背景越多元（具有多種跨文化角度），越能具備洞察力（insight）。而見識、知識和洞察力之多寡，是出人頭地的主要關鍵。舊約聖經箴言書四章第 7 節一再地提醒我們，不惜把所有一切換取見識。而如何使子女們得到更多見識、知識和洞察力，我不必多嘴。海外宣教師，尤其是在非洲叢林地區工作的，在國內或外行人眼裡是一件犧牲的事業；但對當事人來說，卻是一件非常迷人的事業，天天過著充滿各種興奮（excitement）變化、有趣，和被上主揀選而覺得無比榮幸（honored 或 privileged）的人生。

任何大小成就都必須付出代價，但當所付出的代價成熟時，所有付出都將變成喜樂，直到人生的終點。

（原文〈海外宣教我見〉刊登于《台灣教會公報》第 2064-2066，
2117，2319 期）

海外宣教 18 問（下）

13.海外宣教之瓶頸為何？

　　綜觀現況，今天仍然只有極少數華人基督徒到落後世界從事海外宣教事業。其原因和國內宣教瓶頸完全一樣，基督徒領袖們的言行無法一致，還有年輕基督徒還無法愛耶穌基督勝過愛他（她）們的父母。台灣教會近四十年來，由於受到無教會主義信仰創始人——日本人內村鑑三（Uchimura Kanzo）先生大力讚揚史懷哲博士事蹟的影響，加上許多基督徒醫師和神學院教授之接棒繼續宣揚，有不少年輕學有所成和求學中之青年男女，興起追隨耶穌基督和史懷哲博士之意願。

　　但在這些有強烈獻身意願之年輕基督徒，有些卻受到父母之反對和壓制而無法如願。他們多半因愛自己的父母勝過愛耶穌基督而獻身不成。也有不少基督徒父母壓制兒女，使他（她）們獻身不成之手段不但非常不合道理，甚至違反基本人權。過去，有年輕姐妹投考神學院音樂系之前，需向父母宣誓或訂條件，絕不和神學生談戀愛。當中曾有一位在快畢業時和即將以第一名畢業的神學生互 訂終生之事，被她父母發覺後受到無理的對待。她的媽媽特地從家裡趕來神學院和女兒同住學生宿舍，女兒上課、上廁所媽媽都陪伴，使她無法和男友相近。畢業典禮和禮拜那幾天，她的爸爸也趕來和媽媽輪流監視女兒之行動，使她的眼睛不能轉向男友。畢業典禮中她的男友因第一名畢業之優秀表現之故，得到許多獎品和獎狀，而她的爸爸極為不滿她的

男友得到那麼多榮譽而當場惱羞成怒，大聲吼叫「那些都是魔鬼的作為」。畢業後她完全被父母禁閉，她收到或寄出的信都需父母檢閱，但因她不死心，後來被強迫送到日本，並安排和神學院無關之男人結婚，斷絕和男友之關係。

弔詭的是，這些強烈壓制自己兒女獻身不成之基督徒父母，又都是常用史懷哲博士事蹟來勉勵年輕人的人士。當中不乏大名鼎鼎之基督徒醫師、教會牧師、長老、中會青年部長、神學院教授和大學教授。

同樣現象也發生在所有華人基督徒圈子裡。幾十年來這樣的事例屢見不鮮，而以功利主義盛行的今天為最，至於將來情況是否可以改觀呢，我並不覺樂觀。

14. 有什麼因應之道？

既然反對兒女獻身之父母全是大名鼎鼎之基督徒領袖，作兒女的得到上主的呼召時，就需要對父母特別小心，不要輕易揭露或告白關於上主的呼召，對周圍的親朋也應該保守祕密，應先安靜地祈求上主，指示下一步路該如何走。雖然基督徒或教會領袖反對自己兒女獻身是時有耳聞之事（或屢聞不鮮），但到今天還未聽說有基督徒父母反對自己的兒女到落後世界賺錢、旅遊，或從事學術研究的。因此，我建議對父母應該靈巧像蛇，溫順如鴿，以到落後世界賺錢、旅遊或從事學術研究（或說到落後世界尋找適當題材撰寫博士論文），或作為畢生或開拓自己的研究領域為理由，藉此以帶職宣教的方式，達成宣教的目的。需加入宣教會的，可說明如不經過宣教會根本無法深入偏遠地區，也得不到適當的幫手。目的地也可以先用路徑地點（如聞名的旅遊觀光地點）作為交代。我相信，上述之建議不會構成對父母不誠

實或欺騙。因為傳福音、貢獻人類或救人類是所有基督徒包括主日學學生之責任和義務，而不是傳道人或宣教師之專利。

從事上主託負之工作時間比例有多少或得過什麼文憑，才應被算成「海外宣教師」？聖經上並沒有規定，我們也不需自我設限。「學術研究」的時間比例也如此，領薪水也應算是賺錢的行為之一，最重要的是，當事人需先清楚上主的旨意和託負。如果能清楚上主的託負，就不必憂慮沒有人為你代禱，就是沒有向任何人請求代禱，也會有人為你代禱，而且人數也不會少。

當初我從加拿大結束留學生活到非洲時，許多加拿大基督教長老教會牧師對我潑冷水，力阻成行，使我一度心灰意冷（但上主的催逼不會因教會牧師之阻止而減弱），也不敢請任何人為我代禱，更沒有請人為我奉獻，因我是白人社會看不起的黃種人台灣人，也自認不可能有人會為我奉獻，因而在非常寂寞之情況下離開加拿大到陌生之非洲大陸，但上主還是暗中為我安排一所教會全力為我代禱。說來很奇妙又有趣，這所教會是加拿大多倫多市內一所大學生最喜歡的教堂，小三一安立甘教會（Little Trinity Anglican Church）。我在留學期間偶爾會去參加這教會之晚禱，在教會牧師眼中，我不過是一個非常寂寞的外國留學生而已。但因牧師對外國留學生特別親切之故，在我要離開多倫多時，特地向他說聲再見，原先他以為我是要回台灣，所以請我留下地址。之後我才知道，這間教會在我到目的地之前五年，曾有一位小姐在相同地區服務過，那一地區就是後來內戰的主戰場（Nigeria Biafra Civil War），因造成近百萬的死傷而舉世聞名。此外，內戰期間又有一個學生時代常到該教會，由加拿大長老教會支助的護士留在內戰場服務（戰敗地區），內戰後這位護士請求這間教會資助

內戰期間的一名助理（是當地醫學院學生），提供學雜生活費，使其能完成學業。如今，我透過和該教會完全沒有關連之機構（加拿大大學海外服務團）的安排，前往同一地點，就是在內戰主戰場內一所破壞不堪的國立大學醫學院參與重建與教書的工作（小三一安立甘教會資助的學生，後來也成為我的學生長達一年半）。

這些很有趣又巧合之安排，使得這間只對我認識皮毛的教會全體牧師及會友深信，我是上主特別要這間教會代禱的對象之一。這間小三一安立甘教會以國外標準來說並不大，兩位牧師及 200 至 300 名會友，當中一半是學生，但經常資助 20 幾名在世界各地的海外宣教師，即平均十幾名會友資助一名海外宣教師，如扣除學生數，即 5、6 名會友資助一名海外宣教師。大多數會友們也都不是很有錢，因此我在非洲服務期間，再鬧窮也不敢向這間教會伸手要錢，因知道一定還有幾位情況比我更慘。有一位年輕學生在我快要離開加拿大的那段寂寞時期，向我說一句很有意思的話，他說最重要的是要清楚上主的旨意，如果是上主要你到非洲服事，而加拿大人不為你代禱，上主也會興起非洲的基督徒為你代禱。其實在非洲服務期間，為我代禱的人有一半以上是非洲基督徒，他們有的是學生，有的是羅馬天主教神父。非洲人所代禱的是他們看得到的人和事（有些還進一步志願成為我的同工或助理），而加拿大人所代禱的是他們看不見的事。

15. 海外宣教和服務事業，尤其在非洲大陸雨林或偏遠的地區

這裡所指並不見得是所謂需要付出無比代價的偉大事業。台灣基督徒喜歡使用史懷哲醫師的事蹟來形容，但我深信當事人史懷哲醫師

必定覺得很好笑。犧牲奉獻的決心是每一個基督徒都必須具備的，在盡力付出的同時，上主也會賜下許多新經驗、新學識、新見識和新知識，使願意付出的人得著智慧豐富的人生，也就是給出舊有的和吸取新鮮的，成為平衡又新鮮的人生經驗和智慧。通常海外宣教師們憂慮的不是不願付出，而是付出是否有價值、有意義？有價值有意義的付出才是他們共同的心願。這一點我很樂意分享一些親身的經歷。

　　我到任時，所看到的景象是許許多多的營養缺乏症，尤其是蛋白質缺乏症。其實二十年前的非洲大陸，一般景象除了有很多白人的南非和東非之外，嬰兒滿週歲前的存活率是 1/2，滿 5 歲降至 1/5。我當時受到一位非洲人同事之無形影響而參與了愛心服務工作，是課外的服務事業。那位同事是奈國的天主教神父，年齡和我差不多，30 歲就在奧地利國尹斯布魯克大學（Innsbrook）得到神學博士及晉鐸，在大學的神學部擔任神學講師。他將自己所有的財產投入救濟事業，很快就破產了。

　　我當時得知，奈及利亞盛產的黃豆是作為輸出的農產物品，心想如果非洲人能利用黃豆，則蛋白質缺乏症自然會消失。因此請教於偶然機會認識的日本大使（後來轉任駐俄大使）──重光晶先生（他的叔叔是二次世界大戰日本投降時的外相），關於豆腐之作法，於是日本大使招待我到大使館四天三夜，交代醫務官涉谷敏朗醫師（這位醫師目前是日本東京帝京大學的醫用動物學教授）負責我之起居，命令廚師親自教導豆腐之作法外，又安排和一位奈國著名營養師威爾廉斯（Mrs. Williams）見面，從她那裡得到研究要點和指示。她向我非常嚴厲地警告，任何外國式的食品介紹法都會失敗，如誠心要做，就應該尋找大學醫院或政府單位營養師的幫忙。後來我把豆腐的作法介紹

給大學附近州政府的一位營養主管時，便得到很冷淡的回應。（我那時之前完全不曉得所有宣教師，國際服務機構都試過以黃豆為非洲食品而失敗的歷史），因他認為我既不是學食品營養的，全世界的食品營養專家都做不出來的事，我豈能做到！但因我一再地造訪，到第六次時，她才勉強答應來我宿舍看豆腐之作法，在示範途中，她要我停下來，由中間產物試做出非洲式的食物，雖然我認為不好吃，但她很滿意。於是我改行成為推銷員到州政府各部間推銷這位非洲營養師之作品，不久，我小小的單身宿舍天天被各地方來的非洲精英婦女們（都有國外留學經歷）所佔滿，成為婦女俱樂部和研究所了。

雖然我除了煮給自己吃的食物外，對食品營養學完全外行，但因所教的生物化學或多或少牽涉到食品營養，因此這些婦女們在家裡試不出來的問題，都能猜得出原因，並提供適切的建議，於是這 30 幾名非洲精英婦女不再認定我是外行人，搖身一變成為她們的指導教授。幾個月內所共同發展出的傳統西非式食品都能以黃豆做出來，並且都可以在非常原始的非洲鄉村茅草屋裡的原始廚房做出來，而不必經過精密的工業過程。不久，西非洲因大旱災演變為大饑荒而產生蛋白質供應危機時，一年前共同發展出來的東西很適時且順利地解除了危機。這件課外的愛心服務工作還繼續像天方夜譚似地在上演……。

工作滿三年後的 1975 年，我有機會從非洲到日本京都參加國際營養學研討會議。路經東京時順道拜訪曾經有書信來往但尚未見過面之東京大學醫學部疫學教室的豐川裕之教授，對方一再邀請在東京大學講學一段時間，我以沒有念過公共衛生學為由推辭，但他非常堅持我受邀，若沒有時間一天也好。他說，他們知道我沒有念過公共衛生學，但我做的黃豆研究工作是全世界公共衛生營養學上之重大突破，因此只要告訴

東大師生我是如何做出來並回答眾人的問題就好，我在無法推辭的情況下冒險答應講學一上午。講學後他們回饋以東京大學能做到的最高敬意、謝禮，和師生聚餐。另外兩位非常資深的教授，一位曾任東大醫學部長的豐川行平教授，另一位東京醫科齒科大學校長的清水文彥教授，招待我到非常豪華、有古典歌舞妓伺候的日本料亭，對和他們的研究工作不相關的我表示最大敬意，並感謝我在非洲之努力。另外，邀請我講學的疫學教室師生們共同整理我演講稿的一部分，並出版在日本臨床營養雜誌後，由東京大學教授大力推薦到全日本各大學營養學科，使它成為教科書的一部分。

從日本回到非洲後的第二年1977年，我受邀成為熱帶公共衛生學的副教授而開始教起人類生態學（我那時之前沒有修過公共衛生學，而所有同事都有公共衛生方面之博士和碩士學位）。我一直笑自己，一個從來沒有修過公共衛生學和營養學，又從未得過任何博士學位，高中時代留級過，第一年考不上大專聯考而到私立學校就讀的愚拙學生，竟得到這麼多的榮譽，這豈不更證明哥林多前書一章27、28節所說：全能的上主常常揀選那些被認為是愚拙的，去完成世界公認為艱難或各國專家無法攻克的工作。

按照小兒科教授之估計，在非洲一年的經驗能抵得上歐美各大學醫院十年的經驗，意即在歐美各大醫院需花十年的時間才能看得到的新奇病例，在非洲不但一年內都能看得到，還能親自參與治療（這在歐美，只有資深醫生才有機會）。外科教授的估計則是，在非洲一年之經驗等於歐美各大醫院五年的經驗，因歐美各大醫院的開刀項目，按照資深次序有優先權，但在非洲因人手不足之故，資淺的也能參與棘手困難的開刀項目。因此西歐各大學醫院從二十多年前起，就有人

到非洲各大學醫學院工作半年到兩年，以便取得寶貴經驗。現代歐美醫學的最新特效藥，說穿了，還不是以非洲、南美洲、偏遠或叢林地區之巫醫們所使用的草藥，經過分析、提煉、精製、合成而得的，因此，落後世界偏遠地區或叢林地區一向被公認為是醫學研究的大寶藏。

所以到非洲偏遠地區服務是偉大的犧牲事業，應是可笑的想法。有時想到台灣的基督徒領袖或醫師（尤其天天喊向史懷哲看齊的那一群）對外面世界之無知，而使用幾近暴力方式壓制自己兒女的獻身，白白斷送了兒女們的大好前途和幸福，我真不曉得如何教育我們台灣的基督徒才好。因提倡和發揚史懷哲精神的基督徒領袖和醫師，也會嚴格禁止自己的兒女效法和追隨史懷哲博士之腳蹤；自己再有錢和時間，也拒絕到非洲史懷哲世界看個究竟，一直憑有限的史懷哲博士遺作資料，幻想一個不台不非的台灣版史懷哲世界，而根據這模型發表幾近荒唐、肉麻又可笑的論文報告。他們都有多次到歐美旅遊之記錄，到歐美旅遊就有金錢和時間，參觀非洲史懷哲世界就沒有錢沒有時間（史懷哲博士留下來的醫院早已成為觀光聖地，可組團旅遊），而只做些蜻蜓點水式的山地醫療服務（有時是中日合作山地醫療服務，每次頂多一個禮拜，而不是長期性或持續性的根本服務），這樣的服務豈能解決問題？

我在非洲服務期間，所有認識的親友，都認為我越看越年輕，甚至我離開非洲後的三、四年，還有許多人說我比起十一、二年前剛到非洲之時還年輕。因此我受邀在教會做見證時，強調的就是殷勤付出和不分日夜的努力，照一般的看法這樣做應該會老得很快，但事實上卻是越看越年輕，這應該是發自內心喜樂的時間遠多於嚴肅承擔壓力的時間，和天天過著很有意義的生活之故，不然越看越年輕究竟要從何解釋？

常常推崇史懷哲博士的人士強調的不外是，他有那麼多學問而願意到一無所有的地方，向貧窮、原始、沒有知識的黑人服務；但我所看到的是，越有學問，越是多才多藝的人士，越覺得在非洲偏遠地區的服務越有趣，越有人生意義。我在前面提及的日本駐奈及利國大使（後轉任駐蘇聯大使）的夫人和女兒，非常喜歡非洲，因為有無限的機會能發揮她們的天分。

上主呼召每個人的方式都不同，史懷哲博士志願到非洲，依我看，他還沒有志願之前，上主早已揀選他了，只是他沒有拖延到上主發怒的時候而已。我當時不是不願意，而是因為希望找到終身伴侶一起到非洲服事而拖延，結果最後可說是被上主催逼到非洲的。

16.海外宣教師的心態

「非洲之父」這一尊稱，已被提倡「史懷哲精神」的人士一再地宣傳。結果史懷哲醫師在福音尚未廣傳之地如日本和台灣，被偶像化；而在福音廣傳之地如歐美，卻廣受爭議。至今我還未聽說有人因尊敬史懷哲醫師而成為基督徒的，但把史懷哲醫師神化而希望為他蓋廟或神社的呼聲，則從不間斷。我在非洲之時，有一位荷蘭籍的醫師同事，曾在史懷哲醫師的醫院服務十一年。據他說，那家醫院天天收到來自全世界各地的信件，內容有褒也有貶。但四分之三的來信不管褒或貶，都寫得非常不合理。一般而言，宣教師之職責是彰顯上主的愛，進而使服務、治療、關心的對象，直接能和上主溝通，並得到上主的福音。如在同一地點長年服務，很自然地會得到當地人之愛戴，進而使福音更被廣傳。但一旦成名後麻煩就來了，所謂樹大招風；若被偶像化則情況更糟，不但宣教、服務的目的不能達到，反而使更多人遠離上主。

　　因此宣教師的基本心態，應是默默為主工作，不希望成名，只希望通過自己的事奉，上主的名能得到尊榮；進而使更多人聽見福音，得著救恩。史懷哲醫師或許不必為他被偶像化之事負責，但提倡「史懷哲精神」的基督徒們就不能不小心了。他之所以被偶像化，可能是因許多人宣揚史懷哲精神遠多於高舉耶穌基督的名所致。

　　我在非洲奈及利亞服務八年期間，除了曾經在國外留學時聽過史懷哲醫師之名，從未遇到有人知道他的名，「非洲之父」這尊稱更不用談了。「非洲之父」這一尊稱，很可能是在非洲以外，紀念他的人士所想出來的尊稱。從非洲歷史文化觀點，過去或今後都不可能有人被稱為「非洲之父」。史懷哲醫師的醫院周圍幾十公里內，曾經得到他服務之非洲原住民會稱他為「爸爸」，這在非洲文化裡是很自然的事，但這並不能代表所有的非洲人都知道他的名字，並尊他為所有非洲人的父親。我倒認為，史懷哲醫師的名聲和貢獻，在白人世界是遠多於非洲大陸的，雖然他在非洲有不能抹滅的貢獻，但對在非洲服務的人來說，他的貢獻和影響力很難超出他的醫院外圍幾十公里以外。他寫的東西，主要是針對歐洲人寫的，當時的非洲人看不懂，因此對非洲土著之影響程度可想而知。我認識的醫療宣教師中對非洲或第三世界最有貢獻或最有影響力的，全是外表很平凡，幾乎沒有什麼個人魅力，在眾人中很難被認出來，也就是常被許多人當成笑柄或被認為愚拙的基督徒醫師們。

　　不過史懷哲醫師也有他的苦衷。他的醫院不屬於任何差會，因他的神學觀不見容於當時的教會。當時的歐洲教會，幾乎每一教會都派出好幾位宣教士到海外，根本沒有餘力幫助他。他唯一的財源，是靠他的恩賜——風琴演奏來徵募財源，並且需要很多宣傳、廣告來提高

知名度，以及別人的同情，才能募足財源。因一般教會沒有餘力幫助他，他和他的支持者，只好向教會外募款。一旦向非基督徒募款，就不能太標榜傳福音，只好和世俗妥協。而全世界願意協助他的人成立後援會，也就是「史懷哲之友會」來協助他，這是他的成名和被爭議之由來。

他被爭議或被貶的重點在於他對非洲土著不夠尊重，沒有教育當地土著來接管他的醫院，其次，是對非洲沒有突破性的貢獻……等。發出這些爭議點是需要對非洲語文化，以及環境生態充分了解才能做到。何況他不具備多元文化背景，（只有歐洲文化背景）並且在將近50歲時才算真正開始非洲的工作[1]，早已超出初任海外宣教師之年齡限制（通常是 30 歲，如有多重文化背景，就少有年齡限制），非洲當地的語言和文化都學不來是理所當然，何況非洲語言，在沒有教科書和辭典的情形下，只好暗中摸索，學會後再替當地人想出羅馬拼音字體和辭典。一切的一切，都不是將近 50 歲才到非洲的人能做到的，因此只好使用歐洲的那一套方法管理他的醫院。因此只能在他的地盤（也就是他的醫院）內工作，無法融入非洲土著生活圈中從事教育性和福音性的工作。

雖然史懷哲得過四個博士學位，但這和非洲醫療宣教工作之關連性有多大？若關連性太小的話，其意義也不大，何況會念書和會做事是兩回事。總結來說，史懷哲醫師是很好的醫療宣教師。但我一向不贊同把他當作我們唯一的表率或模範。

我曾幾次訪問過英國倫敦的基督徒醫療協會（Christian Medical

---

[1] 在 38 歲至 42 歲時，因受到第一次世界大戰影響，被安排在集中營裡，故不能有效地工作；49 歲才又踏上非洲的土地。

Society），發現馬雅各醫師（Dr. James Maxwell）[2] 在英國受尊敬的程度遠高於史懷哲醫師。馬雅各醫師把他一生最珍貴的時間全貢獻給台灣，並且經過長時間危險又惡劣之環境完成上主的託付。而史懷哲醫師把人生最寶貴的時間全運用在歐洲，成名後，在人生走下坡的年齡，才到非洲服務和養老。我一向贊同把年輕的歲月奉獻給上主，因為年輕是上主給人們最寶貴的禮物之一。

17. 跨文化海外宣教與服務今後之定義如何？

　　跨文化海外宣教與服務之定義在各地都有不同標準，如在貧窮落後之第三世界[3]（或第四世界）[4]，宣教士不能只講聖經，必須以醫療、農技、教育等社會服務共同配合，方有傳福音之可能。如果沒有這些社會服務，福音變成空洞名詞；落後國家居民並不期望能有和先進國家相同程度之服務，他們只求起碼比目前好一點的改善。因此在宣教地區從事醫療、農技、教育等社會服務的基督徒，和講道者一樣共同被稱為宣教師（Missionary 或帶有使命者）。跨文化海外宣教與服務在二十世紀後半葉和廿一世紀，已經不是終生在一固定點（或固定地方）工作，固定在某一定點之宣教事業所需期間通常是二年到十五年。原因是過去所有的殖民地都已成為獨立國家，由當地的原住民執政，教會之行政亦然。最基層之傳福音（如個人傳道）工作，當地基督徒做得比外來的宣教師更好。宣教師所從事的工作，大都是當地居民沒

---

[2]　馬雅各醫師是 1865 年以醫療宣教師身分來台灣高雄之旗後，是第一位來台灣的外國宣教師。

[3]　第三世界之定義是不必靠外來援助也能生存之發展中國家。

[4]　第四世界是沒有外來援助就不能外來生存之落後國家。

有想到、看不懂，或不會做的工作。

　　有不少回教國家禁止念過基督教神學背景人士入境，或限制所有外國人之居住（最多十年）。因此二十世紀末和廿一世紀之跨文化海外宣教與服務已經不是富裕國家教會對貧窮國家教會之單向援助，而是互相學習的雙向溝通。或另一種海外留學，就是藉著服事的機會，學習對方在各種文化、科技和宣教方法上的精華。貧窮國家教會追求的項目通常是神學等高學位，各種科技和企業管理等項目；而富裕國家教會派出去之跨文化海外宣教師向貧窮國家教會和社會學習的項目，通常是各部族的各種文化特色，追蹤各種技藝來源（如巫醫使用之草藥，往往成為先進國家或富裕國家現代特效藥之根源）、各種語言、文化人類學（在富裕國家已經看不到的原始社會），人文生態學及宣教方法上之各種精華，或作為更多元文化背景的參考。學識越豐富之跨文化海外宣教師，越容易被宣教地的一切所迷住（或迷戀）。因此一般對跨文化海外宣教與服務的普遍印象，是偉大的享受而非重大犧牲；付出越多，從宣教地學到的也越多，得到的都遠超出付出（這裡的付出是指全心全意之付出）。過去，對於要到非洲雨林地區或極端回教世界或一般人不願去之地區服事神的人，常以不當的眼光（如視之為超人，或是能力不足、沒出息……）看待，今後實應修正此心態，對於在同文化和不同文化環境中服事神的弟兄姐妹，均一視同仁，他們都是在服事神，只是地點不同而已。再者，那些遠離故鄉，到一般人不願去的地方服事神的人，生活上所遭遇之難處會更多，因此應給予更多關懷、鼓勵和代禱。

　　神要使用全球願意遵行祂旨意的兒女，在全球的跨文化海外宣教與服務上，不分種族與貧富，且其成果將會超乎任何合理想像之上。不過，

知識多的提供服務給知識少的人似乎已成定律，因此為主所用的人或神所揀選服事祂的兒女，需要經過各式各樣的訓練學習，且常是從最不擅長的項目開始、訓練和學習。「失敗為成功之母」這句名言頗適合應用在被神揀選、預備事奉祂的兒女身上。

18. 跨文化海外宣教裡的陷阱有哪些？

　　世界各地對宣教的需要差異很大。在非洲，對於教育、技術人才之需求，遠大於基層傳福音的人才。基層傳福音的工作，當地人做得比外來宣教師好（外來宣教師只做當地人做不到或不會做的部分）。在中東、阿拉伯則相反，除非是具有教育、技術之人才，否則很難進入這些國門（因回教世界極端敵視基督教宣教師）。在中南美各地，持有美國護照的宣教師，容易受到生命威脅。因此需要的是來自北美以外地區的宣教師。

　　無論任何地區，宣教師最容易犯的錯誤就是，想把故鄉文化移植到宣教地（例如來自華人教會的宣教師欲在宣教地發揚中華文化，或來自美國之宣教師強要對方遵守美國的法律），或不先研究、考慮當地生態，就漫無節制地傳授宣教師具備的各種知識。絕大多數的宣教報告只報導成功的一面，但在宣教實地幫倒忙的例子並不少，失敗和成功的例子是一樣多或更多。正確的態度應該是，到達目的地後，先謙虛地學習當地語言、風俗、生態，然後找出適合當地的傳福音方法和解決各種問題的方法。不適用於當地的各種知識、資訊或外來文化，應盡量節制或摒棄。在宣教地做任何事情，如果終極目的不是使人得到神的福音，那麼其結局往往歸於幻滅。如同向病弱的小偷只做醫療服務，那麼不過是讓他成為健康的小偷而已，要能讓他改邪歸正，唯有神的福音才能辦到。

　　出於善意而幫倒忙或引起大災難之例子，時有所聞。海外宣教師處在外鄉文化裡，白天雖然會有許多工作上的樂趣、興奮，但到夜晚或深夜時，卻是非常容易感到孤單寂寞，而在寂寞時常會想起故鄉的一切。因此在解決問題時，若不謹慎察覺，很容易會以自己家鄉文化的模式來解決對方的問題，但對方卻學不來宣教師所介紹的解決模式。最明顯的的例子就是教導當地人沖泡奶粉。西方國家捐贈奶粉作為非洲嬰兒的健康食品，告訴當地婦女要以奶粉的 4～5 倍熱水沖泡，裝奶瓶，套奶嘴，再餵給嬰兒，但是對熱帶非洲不識字的婦女來說，1 比 4 或 1 比 5，不是會在她們生活裡出現的數字，當然學不會。水有沒有煮開，顏色、味道、外觀都不會有變化，她們平常都是喝生水，為什麼要把水煮開？是為了殺菌，但細菌肉眼看不見，很難說服她們。此外，洗奶瓶、奶嘴需要一大桶的水才能洗得乾淨。而要拿到那一大桶水，有時需走遠路到河邊取水。於是捐贈奶粉的結果，就是使更多的嬰兒在喝了生水沖泡的奶粉後瀉肚子，得了脫水症而死掉，奶粉於是變成了毒藥。此後，任何外來捐助的淡黃色粉末（包括麵粉）均不被信任，常被拿去餵牛、餵羊或餵豬，或者當作潤滑劑撒在飛機場的滑行跑道上。

　　對於沖泡奶粉的例子，正確適當的介紹方式應該是，把奶粉摻進他們傳統的嬰兒食品裡（西非之傳統嬰兒食品是由醱酵過的玉米粉製成，製造過程中蛋白質會被洗掉），也就是混合同量、或 1 比 1 的奶粉和玉米澱粉（傳統嬰兒食品），這樣對所有不識字婦女都能接受。混合後按照傳統方式泡水煮開，用湯匙餵給嬰兒。醱酵後玉米澱粉的強烈味道會掩蓋奶粉味道，但這種簡單非洲化的解決方式有違捐贈國傳統的文化模式，常受到保守老宣教師的反對，因而難以達成好成效。

　　其他例子，在歐美社會裡最常見之胃腸病是便祕，需服瀉藥；但落後貧窮世界裡最盛行的是下痢，需服止瀉藥。於是歐美國家的捐助藥品裡最多的是瀉藥。大約十年前中美瓜地馬拉（Guatemala）大震災時，得到約 34 噸的捐助藥品，其中瀉藥佔了 20 噸。救濟團體不曉得如何處理，只好挖一個大洞，就地掩埋。在一地方行得通的方法，換一個地方往往需要大幅修改，或重新策劃才行。

　　最後，我再次強調宣教服務人才之基本訓練：除了多尋求神的旨意和多研讀聖經外，在校時如有機會應廣泛的學習，而不要過於專攻一兩門課程。因為念得越廣泛越有用處。用通俗的例子說明，就好像在偏遠地區最有生意的商店是雜貨店的道理一樣。特殊外語（留學語言之外的外語），不要在台灣念，到達目的地之後再學比較好。目前一般年輕新宣教師的平均學歷是碩士，或有相當於碩士學位之專業訓練者。此外，只有單一文化背景的宣教師用處不大。先到目的地一段時間後，再到第三國留學，得到更廣泛之專業訓練，或先到國外留學後再到目的地，可能是更好的途徑。在國外還有學習第二種或第三種文化的機會。因此在國外期間，要盡量努力打進異國文化裡，才能有充分學習到第二、或第三種文化之可能。而在國內時，不要只和基督徒往來，也應學習如何和非基督徒溝通相處。

（原文〈海外宣教我見〉刊登于《台灣教會公報》第 2064-2066，

2117，2319 期）

跨文化海外宣教
的
收穫與回饋

跨文化海外宣教
享受多於犧牲

　　談到這個主題，我想台灣基督長老教會對這領域的誤會是比較多一點的。多數沒有到過非洲現場的人，幾乎都認為到偏遠地區服事窮人是相當辛苦的。然而這其實都是我們用自己的理解能力想像出來的，事實上現實和想像是截然不同的。

非洲黃豆推廣與宣教

　　對於海外宣教，以我自己的經驗來看，應該是要到我們不熟悉且非鄰近的國家。事實上以我個人而言，宣教過程中在當地所學到的東西，遠比我能付出的更多，是一個相當快樂的宣教經驗。台灣人認識我最多的是我的黃豆推廣工作，常見的是教他們如何正確使用與食用**黃豆（從黃豆煮出非洲當地的日常飲食而不是介紹豆腐作法）**。在非洲大學中我是生物化學與社區衛生學的講師。在當地推廣黃豆事工是我個人課外活動之一，是領不到任何的研究經費補助。但人生的變化是相當有趣且奇妙的，我只是一名普通的教師而已，這項工作無法讓我成名，反倒我在黃豆推廣上的成就，可說是在宣教世界聞名遐邇，然而黃豆工作的成就已大到使我很怕成名。

　　人一成名會有一大堆的麻煩事，我的意思是「樹大招風」。因為

165

我沒有讀過神學，所以我不敢稱自己為宣教師。但是非洲國家政府執政越來越差，同時又把政績差的原因歸咎於殖民政府官員和白人跨文化海外宣教師的身上。然而我沒有宣教師的身分，因此得不到教會經費的補助，一直都是自掏腰包拼命地工作，但八年來我是一個很快樂的人。從起初到末了，最後在日本研究回來台灣一共十年。當我再次回到加拿大和台灣時，十年不見的朋友們都說我越看越年輕（我想這跟我喜樂地服事有關係吧！）。因此1996年的醫療奉獻獎頒獎典禮中，我的得獎感言裡特別強調，海外服務不是偉大的犧牲，而是偉大的享受；若是一種犧牲，我就不會越看越年輕。

宣教享受多於犧牲

其實在猶太人的智慧書裡頭，強調人生有兩種：一是為自己而活，另一是為他人而活（若是服事特別貧窮困苦的大眾的話，永遠不會老）。我在非洲的宣教朋友都不認為這是犧牲。跨文化海外宣教師的服務族群大都是貧窮且困苦的大眾，因此常會落入需自掏腰包的情況。對外行人來說，這的確是偉大的犧牲；然而對宣教師來講，這是偉大的享受，是夢幻般的生活，並且到越落後的國家越能經歷上帝的同在，這樣的服事經驗遠比在富有國家的大都市要精彩得多。

這種工作不能憑熱心自願，而是上帝有特別呼召的人才有可能做到，而被呼召的對象可能從年邁的老人到年輕的少年都有。我在非洲能夠做到轟轟烈烈的另一個原因是，我從不同的文化角度觀看非洲的問題並將之融合在工作裡。

在非洲我是極少數的東方人之一。自小我在日本長大，直到小學五年級才回到台灣，後來曾在加拿大留學八年，因此我能夠從北美洲、

日本和台灣的文化角度觀看非洲的問題，這是在當地有多國眼界的宣教師都沒有的。從北美洲去到非洲的宣教師，他們的宣教方式與作法我大都能猜得到，但我在非洲做的工作或作法，很多都是歐美宣教師們不敢碰也做不到的，甚至他們不想做的工作我也做得出來，為此，時常成為他們忌妒或是羨慕的對象。

以上都是我從東方人的角度才看得到的。我是這樣看的：把台灣放在眼前，從台灣到地心的角度我稱為零度。以台灣作比喻，任何人的眼睛都是向前看，無法從後面看自己的問題，從上、下及側面也看不太清楚我們的問題，但因為有上帝的帶領，我能有轟轟烈烈的突破。

早在很多年前、許多場合，我就強調成功需要三個因素：一，適當的人選；二，適當的時間；三，適當的地點。適當的地點和時間我們都不清楚，然而適當的人選是上帝挑選的工具，往往是不起眼的平凡人（參照哥林多前書一章 26 ～ 28 節）。同時在宣教過程中，即使有很大的成就與突破，也不應該自己誇口。離開台灣到更遙遠的地方，文化角度的差異性會更大，所以能學到的、看到的應該也會更多。

跨文化宣教的要素

也許是文化差異，對於跨文化海外宣教師的定義我覺得有點模糊。舉例來說，台灣的海外宣教師大多到北美的台灣人教會工作，這種現象無法稱為跨文化宣教，因為都來自同一文化。而從美國留學回來的宣教師們（以美國的角度認為是差派出去宣教），其國籍與故鄉都在台灣，回到台灣宣教也不能算是跨文化。絕大多數地方，認為跨文化海外宣教師有兩個不可或缺的要素，一、生命曾受上帝感召並經歷生命的改變（重生）；二、上帝的呼召。

上述這兩點與是否畢業於神學院並沒有直接的關係。於 1980 年前，據統計，非洲基督徒人數已經達到非洲人口的一半。但不同於我們一般的思維，當地教會期待外國宣教師們協助解決生活困境，大於福音需求。目前的非洲大陸雖已脫離我們認知的「黑暗」（黑暗即不了解的意思）大陸，但仍是受貧窮、缺乏營養、飢餓之苦的第三世界。我在當地的服事工作，也是針對他們的需求來提供協助。

非洲的基督徒並不要求達到與宣教師的母國同等的生活水平，只是營養及醫療衛生方面若能改善的話，比較能維持他們對基督信仰的信心，反之，若在那兩方面無法獲得改善，他們的信仰很容易動搖，而回頭相信傳統非洲宗教。

非洲宣教團體的三種類型

通常會到非洲跨文化宣教的團體有三種類型：第一類型是，神學院畢業；第二類型為，醫療人員、農技人員、教育人員（唯獨中小學教師需經由半年至一年的神學院訓練）；第三類型為，短期宣教團隊（又名親善訪問團），在一特定地點待上數週，並提供簡易服務（例如義診或短期電腦課程等。）

其中第一、二類型通常為期兩年（期間有返鄉休息與前往各教會分享海外宣教經驗的時間，約 1～2 個月）。我在非洲卻一向被認為是很有影響力的跨文化宣教師，也得到同行的認同。在宣教世界中，有被神呼召的，但也有自告奮勇而去的。他們在工作態度與成就很容易有明顯地差距！蒙召的基督徒都知道這項工作是為了榮耀神；而沒有被神呼召的往往將重心擺在建立聲望與權利，這似乎與為神做工相左了。如果還不清楚有沒有神的呼召，待確認有神的呼召之後，再去

宣教不遲。相關經節出自馬太福音八章 21 ～ 23 節，即每個基督徒身上都有神所定的計畫與旨意，所以務要明白神的旨意。

建言與執行的落差

對於我沒有從神學院畢業而從事跨文化海外宣教，許多神學院的教授、神學生總是有點不放心，同時也給了我許多建議。我了解他們的用意是好的，但就實戰經驗而言，我想我已經累積了不少。跟您分享兩則小故事（從台灣角度提的建言與實際執行面的困難）。

第一個小故事發生在幾十年前，一位神學院畢業的姐妹出現在我的面前。突然給我台幣 3000 元，同時跟我分享了許多她個人建議。主要是拍影片、後製、輸出成影片的方式來介紹黃豆的使用法，提供給當地人觀看。這位姐妹個性格很剛硬，說話好比機關槍般地，我幾乎無法回應這方案的困難度，因此就簡短結束了對話。放影片在台灣行得通，可惜在非洲不太可能。因為從寫劇本、拍片器具、找演員、後製剪接等，樣樣都需要龐大的經費，這 3000 元根本不夠。再者，黃豆一向是非洲政府的經濟農作物，不得隨意買賣或公開教授食用方法。倘若要在夜間放映影片，當地的警察是會拘捕的，要檢查、罰單、沒收樣樣來，為了躲避他們，我似乎要帶著器具打游擊戰了。最後，因為夜間是各種蛇類與爬蟲類出沒覓食的時間，晚上除了燈火通明的繁華都市外，沒有人敢外出。夜間郊區也沒有正常的道路，大多數人都用手電筒照明摸黑前進，所以日落之後當地人幾乎都回到各自的家不再出門。綜合上述，在晚上放電影是最不可行的方式。

第二則小故事是，一位曾去過美國、德國等繁華都市的神學院宣教學教授，他從未到過落後世界或發展中的國家。一日，他請我到神

學院他的研究室補習跨文化海外宣教，他起初認為我沒讀過神學院什麼都不懂，應該要好好地再教育一番。當他開講時我沒有做筆記，他很不高興。但那是因為他說的我都懂，我也在一些著作上寫過，我更期待的是，他能講出我沒有寫的東西。於是我們就這樣不歡而散。其他也有許多人很好意請我去與某些人見面，但那些對我又有什麼幫助呢？以上是台灣人、本地人對我的關心。

跨文化海外宣教的
現況與建言

團體與單獨宣教

在 1970 年代，歐美宣教師大多是從很虔誠的基督徒家庭出來，在學期間都是在基督教機構底下讀書，因此和這些機構有很深的影響和關聯。大學畢業之後，就去到非洲。在成長過程中少有機會接觸過世俗世界的他們，知識與影響力都相當有限，同時也可能犯了錯而不自知，也不了解其嚴重性。為避免這樣的情況發生，他們大都集中在各地的宣教會裡。一個人多的大型團體總需要制度與職位之分，由領導做決策與分工，難免也有不合宣教師們的意或與同儕相處不來的問題。

反觀來看，單槍匹馬的我做起事來，沒有上下關係的牽絆，反倒輕鬆自在。所以宣教世界裡有各種大不相同的情況，同時也各有利弊。在此，我建議沒有經驗的基督徒，第一次可以加入宣教團體行事，結束後再審思未來要選擇到宣教會（差會）工作，或是像我一樣單槍匹馬的服事主。可惜目前台灣教會圈的眼界還沒有到這程度。

由於我的宣教服事經費是靠自己的薪水，常常很快就到破產的邊緣，但在這樣的情形下，往往反而容易出現很大突破的成績。在沒有經驗的情形下很容易做錯，或是走錯方向；但經過兩三次突破性的成績之後，我反而不想再向別人要錢，因此我的宣教經驗是很快樂的。

養成教育的省思

台灣基督長老教會的主日學課程內容，從高中到大學的教材，都從未提到跨文化海外宣教的重要性。好比說全世界 1/5 的人口消耗 4/5 的糧食和各種資源，而 5/4 的人口只能享受到 1/5 的糧食和各種資源。我們台灣即是在這 1/5 的人口之內。而我們的主日學教材只有簡化版的聖經內容，因此，在這樣的教育系統之下，要培養出跨文化海外宣教人材是不可能的。

以台灣基督長老教會的觀點，宣教工作的目的在於領人歸主，但宣教裡並沒有包括基督徒的身心問題、糧食問題，或者是醫療等方面的問題。因此一談到海外宣教，反應總是：「我們神學院的畢業生還無法應付教會數目的膨脹，哪裡有多餘的神學院畢業生可以派到海外！」但是基督徒的生活不僅止是領人歸主的問題，還有許多像醫療、教育、社會公義、貧富不均的問題尚待解決。尤其是窮人沒飯吃、繳不起健保費用等課題。這些不公平的現象在第三世界國家更是嚴重。

我們的主日學教材中從來沒講到外國的事，就算有，也都是在講美國之類的先進國家。因此台灣的基督徒常常被一些外行人亂吹一通而被誤導。這些外行人當中有不少是很受尊敬的基督徒醫師和神學院教授。後來在台灣開始有了國際性的宣教團體，例如青年使命團 YWAM（Youth With A Mission）。也有一些援外機構，如：農耕隊、技術團，或是國際合作發展基金會等。參加這些團體，可以去官方所指定的海外地點，並得到較好的待遇。這幾年的報名人數增加了十倍。

因此，當你有到海外宣教的負擔時，要先跟自己教會的牧師商量，因為到達目的地後，除了官方的機構之外，仍需自己負擔生活費和工作費用，跟一般宣教團體有提供經費是不一樣的。但是台灣的情況，

都是外行人指揮內行人。這樣的情況以前曾發生在一些團體和機構，將來也必定會出現。綜觀全世界各地的這些外行人大都很有錢，亦捐了不少錢給海外宣教機構。但他們的良心和善意無法套用在實際的情況。簡單的說，就是無法套用在當地的生態。結果就變成越幫越忙，不如不幫忙的局面。碰到這些情況，最好的方法就是從該機構退出和停止捐款。

除了青年使命團（YWAM，聯絡電話：02-2626-3026），亦有不少教派和教會都有舉辦短宣隊，通常短宣時間只有二、三個禮拜，我認為這不過像是親善訪問團。並不能徹底達到宣教的效果。目前台灣最缺乏的是機構和宣教場所之認定，希望大家有彼此討論的機會，能商討出共識。

海外宣教師的基本特質

跨文化海外宣教師的基本特質應該要有兩點：一、文化背景要寬闊。簡單來說，就是要能說多種國際語言；二、通才。樣樣都懂，對宣教有興趣。好比在大都市裡最有生意的是百貨公司，每個專櫃人員都只懂自己的商品，對於其他專櫃的產品並不了解。而在台灣山地最有生意的店舖是雜貨店，一個老闆卻了解各式各樣的商品。所以知識的種類越多越好。

當然長老教會也曾關心過跨文化海外宣教的工作，也曾經舉辦過跨文化海外宣教師的訓練，但往往過不了多久就停辦了。不過，至少產生了一位很優秀的聖經翻譯家（陳馥蘭牧師）。目前她在德國夫家牧會和休息，以前是在蘇丹的北部和衣索匹亞服事。她在受訓期間認識了一位德國教會的牧師，並和他結婚，生了兩個孩子。她的先生比

她小 10 歲。他們的婚姻生活也非常圓滿。目前她的孩已經長大，需要回德國讀書，但不久後她還是會回到非洲服事。她跟我有同感，台灣基督長老教會不了解海外宣教。

陳馥蘭從事聖經翻譯的工作，這是海外宣教中最困難的工作。上帝如何挑選人才是我們無法得知的，但上帝的原則記載在聖經哥林多前書一章 26 ～ 28 節，即上帝往往選擇一般人認為最愚蠢的。我從來沒有被提名為教會的長老或執事，我的母親也曾說我是一個最沒有用的人。我剛到非洲時看不到任何的台灣人，我只是一個從加拿大到非洲服事的年輕人。

神的感動或呼召並非是經常有的。我認識一位長老教會的中年牧師，他有使命感到中南半島的最南端國家傳福音。他一直在長老教會的體制裡等待，有朝一日能滿足所有外國宣教所需要的條件。而我認為在台灣要等待條件樣樣都齊全的機會是不大可能的。我的意思是，若按照這位牧師的看法或是機會，可能永遠達不到目的，也許直到他退休也無法成就心願。他一直羨慕我能在早年就去海外服事，並做到我能達到的工作。此外，他也擔心一旦離開長老會，轉去其他宣教團體，將來會無法再回到長老會體系。但我認為台灣的基督教派何其多，上帝自會安排最適合他的教派也說不定。上帝絕不會使祂的僕人餓死或沒有地方住。

如何踏上海外宣教之路

我曾在加拿大留學，因而參加加拿大大學海外服務團（CUSO），並且完成了外國宣教師做不到和不敢碰的幾件工作。我所接觸的海外宣教師，只有少數幾位是長老教會的相關人士。但是回到台灣我還是

一個長老教會的平信徒，且從來沒有被長老教會開除過。我在西非奈及利亞的八年期間，所靠經費全來自我在大學擔任講師的薪水，並沒有來自長老教會的捐款。但是上帝並沒有使我餓死，還讓我旅行歐洲各地，甚至當時的共產國家，例如東德、捷克斯拉夫和匈牙利。

目前長老會總會還沒有海外宣教部，來負責訓練新任的宣教師和差派地點（有不少宣教師不願意和總會有任何瓜葛，因為過去長老教會對宣教師的認定，是需要神學院畢業，但他們念的都是別教派的神學院，或是長老教會不承認的機構。長老教會總會從來沒有到過海外宣教的前線去了解狀況。因此和總會有聯絡關係的話，常常都會增加麻煩和負面效果。）不論任何總會承認或不承認的宣教師，只要是神承認的人，就沒有所謂偉不偉大的分別。因此，長老教會的信徒如有上帝呼召的話，就是參加別教派也無妨，等長老教會有海外宣教部後，再回來幫忙也不遲。

至於若哪個教派有海外宣教的工作，最好的方式就是，去參加他們的代禱會。地點和時間常有變化，所以先聯絡聯合差傳協會，取得代禱會的正確地點和時間。這些禱告會結束之後都有提供茶點，讓與會者彼此認識並了解個人的困難。也就是告訴那些有上帝呼召但不知下一步怎麼走的人，大家都會幫忙支持。聯合差傳協會的聯絡電話：02-2321-2915。

另外，也可以參加外交部國際合作發展基金會的志工團。目前報名志工團的人數比他們所願意收的人數還要多十倍之多，因此，若沒被錄取也不要失望。還有其他的志工團可以去試試。以上資訊神學院畢業的人不一定曉得，你要告訴教會牧師未嘗不可，但他們所知道的可能也很有限。

幫助別人就是幫助自己

跨（超）文化海外宣教和服務工作，一直到幾個月前，才受到總會傳道委員會的重視。當台灣成為名聞遐邇的富裕國家後，全世界（尤其是落後世界）一再地問我們，到底為全人類回饋或貢獻了多少？當中國教會在普世教協排擠台灣基督長老教會，而我們教會代表向其他會員國家代表請求幫助時，他們的回應和建議，不外是對普世教協會員國家（尤其落後世界）多作貢獻。

其實早自 1968 年開始，台灣基督長老教會之牧長和平信徒就陸續到落後世界各地，包括非洲雨林、草原、沙漠，以及馬來西亞山地、叢林地區，去從事跨文化海外宣教和服務的工作。目前已經大功告成回來台灣服務的牧長和平信徒（三年以上到十幾年經驗的都有），就超過 30 名，其中有好幾位曾經是世界聞名的宣教服務者。但因為我們的教會體制還沒有跨文化海外宣教和服務的專責單位，因此到今天從事跨文化海外宣教和服務的工作者，都需要透過我們教會以外的協助才能達到目的地；在宣教地若遇到突發事故或生病時，也無從向我們總會求救，即使總會收到求救訊息，也常常是無能為力。如在世界某地有災變時，我們教會的錢往往是交給長老教會以外之機構，而不是交給在災地現場工作的台灣基督長老教會的牧長或信徒。

我於 1979 年暫時離開西非奈及利亞，十四年後（1993 年）又踏上非洲。非洲教會主日學普遍缺乏聖經故事、圖片等輔助教材；由於

非洲民族主義之興起，使歐美國家所繪製的白膚色聖經人物、圖片受到排斥和誤解，但如要繪製棕色或黑色皮膚顏色之聖經人物、圖片，又沒有資金和適當的繪畫家。這些工作，包括資金和繪畫家，對我們台灣基督長老教會來說是輕而易舉的事（比起培養和資助少數幾位跨文化傳福音人才簡單多了）；台灣青少年會畫漫畫的人才很多，但在歐美就很少，在非洲幾乎沒有。因為我們教會一直沒有跨文化海外宣教和服務之專責機構或單位，因此，儘管我們有很多年輕人願意為上主奉獻時間或一生，而且我們又有多位經驗非常豐富之跨文化海外宣教和服務之教授級訓練者，卻都無能無力。我們教會繼續被普世教協會員國抱怨，究竟我們為普世教協服務事業貢獻多少？為人類貢獻多少？

但另一方面，台灣基督長老教會總會差派了多位海外宣教師，到國外同文同種的台灣人或華人教會擔任教師，其中過半數是到最有錢之美國。這種海外宣教事業或許可以令我們信服，但可以使不同文化之落後世界信服嗎？因此我懇切建議，下次總會能設立跨文化海外宣教和服務專責機構或單位，作為我們教會設教一百三十週年時向上主感恩的禮物之一。

在還未開始跨文化海外宣教和服務工作之前，應對宣教服務地點之語言、文化、生活習慣和環境生態，有充分的了解，並經常和其他不同單位（或教派）之同工共同研究討論後，再著手進行，否則往往是越幫越忙，不如不幫忙。所有參與過跨文化海外宣教與服務者的共同工作心得都是，在宣教地所學到的東西，遠多於所付出的。當這些人回到本國時，比起國內同胞會多具備了幾個不同的文化角度和各種宣教的精華，並能看到許多他人看不到的問題和解決途徑，而樂於從

事別人視為燙手山芋或棘手的開拓事業。

非常具代表性的例子是，在國際上被稱為「台灣環保之父」的東海大學生物系林俊義教授，尚未回國服務前，曾在東非、肯亞參與宣教服務三年。其他目前已調查到曾有跨文化海外宣教服務經驗者，也都有相同表現。他們大多不求名利，默默地在服事上主。

（原文刊登於 1996 年《台灣教會公報》第 2239 期）

開發中國家的介紹和 給予協助的方法

開發中國家或發展中國家（經濟落後的貧窮國家）有下列共同點：

1. 集中在北緯和南緯 25 度之間，氣候處於熱帶和亞熱帶。

2. 國內經濟處於極端的貧富不均，受教育機會不平等。國民的 1% 是屬於特權階級、地主及富有人士。10-20% 屬於中產階級，例如中層的軍公教人員、商人、計程車司機，和具規模的工廠工人。80-90% 屬於下階層及農民或沒有一技之長的窮人。通常外國的使節和外交人員能接觸的對象大都限於特權人士，來自各國的志工團體接觸對象大都集中於中產階級人士，宗教界團體才有可能充分接觸到下層人士或貧窮。

3. 開發中國家的人口佔全球人口的 80%，大約 90% 國家比台灣窮。富裕已開發國家的人口（約佔全球總人口的 1/5），使用消耗全球 4/5 的資源，吃掉 3/4 的糧食。

4. 幾乎所有開發中國家都是從殖民地獨立出來的，因此政治型態是沿襲宗主國（殖民地的老闆）。領袖及特權階級都接受過宗主國最高的教育和殖民訓練，因此獨立後的政治、經濟、民主問題，常常比殖民地時代差。

5. 開發中國家內有許多大小民族，語言各不相同，其差異程度

像是台灣的平地語言和原住民語言，且文化、習俗互異。民情方面，除了極端的情形外，一般越富有的越自私，且越沒有人情味；越窮的剛好相反。城市裡的居民不老實的居多，而離開人口密集地方的居民反而越老實，通常離開國際機場三十公里以外的地方，就是三毛小說中的世界。

6. 政府公佈的各種統計數字，越到經濟落後的地方越不可靠，理由有很多，主要是為了面子，有的是為了讓投資者有信心。

7. 但也有一些例外。開發中國家的教育機構及各級學校的程度和已開發國家差不多，像不具世界公認大學的博士學位者，一樣當不了貧窮國家的大學教授。不過他們比台灣更看重實力和經驗，不太重視文憑。

8. 開發中國家的宗教以回教、泛靈教、基督教、印度教等為主要宗教，常常有宗教衝突，我們需要小心不被牽連。（基督教會牧師和長執在他們的社會是貴族）

9. 地理環境是在原本的原始狀態，地區間的差異極大。

10. 做事速度慢，效率很差。

11. 在開發中國家有許多我們無法想像的現象，例如具有已開發國家最先進的通訊機具或科技產品，雖然數量少，但是到底還是有。大多開發中國家的努力目標，都訂在如何趕上先進國家的標準，而不是追求平等均富的社會。因此，有高度理想或希望對人類有所貢獻的宗教團體志工常有挫折感及無力感，但如時間及服務地點拿捏得準確，志工在先進國家終其一生無法完成的工作，在落後國家卻能在一兩年或兩三年內完成。意即已開發國家的社會結構制度僵化，但開發中國家

的社會結構隨著時代的環境在變化，亦即不斷在瓦解和重整，變化很快而且很大。

12. 開發中國家都有自己原來的傳統醫療方式、特殊的文化習俗，以及道德觀，讓外來的人很難理解，但這些都和他們緊密的連結，任何一個點的破壞，都會影響整個體系。

13. 台灣的年輕人一直都嚮往歐、美、日等比台灣更富裕的國家，追求更高深的學問、理論和高學位。但歐美的大學畢業生則剛好相反，普遍很流行在成家立業之前，先到貧窮的發展中國家體驗貧苦、原始生活，他們的目的不外下列幾點：

(1) 到越貧窮發展中世界，越能學到以前沒有學過的知識或東西。

(2) 在歐美日醫療界人士早已公認，原始、貧窮的第三世界，尤其是撒哈拉沙漠以南、南非共和國以北的黑人非洲，或南美亞馬遜河流域和其他原始地區，是醫療研究題材的大寶藏，這也能說明為何越來越多的日本（非基督教國家）醫學界人士假借許多富麗堂皇的理由，到上述原始世界尋找適合的醫學研究題材。許多醫學突破和新藥的源頭，均來自原始世界的巫醫或當地傳統醫藥。

(3) 到少有人去過的地方，去學習當地文化並得到全新的文化角度，使年輕人往後的人生在他的故鄉，因有異於一般人的異文化角度，不必和別人競爭也能做許多事，或能有學術上的許多發現。

(4) 到貧窮原始世界尋找更有意義的人生。

　　以上是常常會遇到的現象。因此如果各位有意在一生當中到開發中國家服務一段時間，要想清楚你要服務的對象，如為了服務特權階級的富有人士及外交機構，你應可獲得最高的薪水；或者你是為了貧窮無依靠的大多數下層人民，這樣做你的薪水可能是最低的，而且研究及事工的經費需自掏腰包，如同我一樣。但一般而論，服務的薪水高低和獲得的成就及有意義的服務，似乎是兩回事，好像兩者很難同時得到。至於較低薪水的服務，它能得到的收穫是很難用一兩句話道盡的，因為能真正去幫助別人是一件很不容易的工作，因此在努力研究如何去幫助對方時，不知不覺會學到很多以前沒有學過的知識，了解不同的理論，及有新的發現，同時也獲得了更廣闊的國際觀。

　　針對開發中國家最下層的貧農所設計的課程，以下是服務的信條：

　　鄉村重建信條，由 IIRR 創辦人 Dr. Y. C. James Yen 所發展出來，作法如下：

Go to the people	走入人群
Live among them	生活其間
Learn form them	向他們學習
Plan with them	與他們一起計畫
Work with them	和他們一起工作
Start with what they know	從他們所知的開始
Build on what they have	在他們既有的以上建造
Teach by showing	以示範教導
Learn by doing	在做中學習
Not a showcase	不做樣板

But a pattern	而立榜樣
Not odds and ends but a system	不雜亂而有系統
Not to conform but to transform	拒絕因循，但求改變
Not relief but release	不是救濟，乃是釋放（潛能）

跨文化宣教
人才培育

年輕人要
在耶穌基督裡立大志

台灣的教育

絕大多數的台灣年輕人，特別是平地的孩子們，不願意講自己的母語（也就是台灣話）。大約二十幾年前，我曾到嘉義縣阿里山鄉，有幸與一群原住民中學生聊天，在交談的過程中我得知，多數的年輕原住民中學生都不會講自己的母語。對此我深感不解，甚至嚴厲地責備他們，不會講自己的母語是看不起自己的母語，也是看不起自己，所以人家才會看不起原住民。從那時開始，那裡的原住民孩子開始願意講他們的母語。

跨文化海外宣教

過去三十年，我一直在提倡台灣教會應該要多辦跨文化海外宣教，且重視這項事工。有不少福音派跟靈恩派的教會，很早以前就開始差派跨文化海外宣教師出去。好幾年前，我還在非洲服務時，曾聽過幾位受差派的台灣宣教師。許多國家或組織都相當重視這項工作，唯獨長老教會對我的提議相當冷淡。這裡我想提醒大家，並非只要有心就萬事皆可達。近幾年來，我越來越覺得，台灣願意被差派到海外宣教

的平地人（教會年輕人），基本素養必須再提升才好。因為去到海外宣教會遇上許多困難，不能只抱持一股熱心做事，還必須具備足以解決問題的基本素養及能力。

宣教師的素養

不知道你是否聽過猶太人的教育？其實，跨文化海外宣教師的基本素養跟猶太人的教育很相似。他們非常重視通才教育，必須樣樣都懂，興趣廣泛。約十一年前，我曾寫了一篇「模仿猶太式的教育」刊在台灣日報上。那時台灣各界都在極力抨擊教育部的教育改革越改越糟，但這篇文章出來之後，抨擊教育部的聲音得到平息。意思是說，台灣社會曾經認同通才教育和多語言教育，但是回到現今學習模式又恢復越來越專的專才教育。舉例來說：要當一個科學家，當然需要專才教育；但當一個商人、教育工作者、一般市民、政治家的話，所需要的正是通才教育，至於教會牧師跟海外宣教師，更是如此。

通才教育 V.S 專才教育

通才教育的前身是封建時期的貴族教育。為了統治別人，貴族必須學習諸多知識；相反地，專才教育是封建時期受統治人民的職業教育。獨裁政治家像蔣介石、宋美齡夫婦，他提倡專才教育的目的是，使台灣人成為一盤散沙，因為台灣人彼此之間沒有知識的重疊（黏度）或是太少，所以台灣人沒有辦法團結，又限制學生只講國語。雖然現在已經開放了，但現在的學生卻不想講國語以外的語言，所以我們應該鼓勵我們的年輕人要立大志，和到國外發展。

台灣年輕人的志氣在哪？

我認為台灣的年輕人野心太小，最有野心的，通常都是外省背景的孩子；最沒有野心的，可能是其他非外省背景的平地人或原住民。還有一件更重要的事情，在李登輝時代，我們還願意承認台灣是人口超稠密的國家。按照世界公認的統計，人口密度最高的國家是孟加拉，其次是台灣。孟加拉沒有山地，而台灣國土三分之二以上是人口稀少的山地，因此如果只算平地的人口的話，台灣人口密度可說是孟加拉的兩倍半了，年輕人找不到工作也跟這息息相關。因此我提倡台灣年輕人要立大志，且在年輕時代多到海外學習跟發展。在海外有了成就之後，再回到國內建設。例如長榮企業董事長張榮發先生，他以前就是在國外發展。在海外發展的基本條件，不外乎就是語言精通（學習多國語）。

台灣的語言發展性

台灣是個多語言的國家，但台灣的平地孩子不學台語；台灣原住民孩子不學原住民語。學校從來沒有教我們的學生如何正確地說自己的母語，但台灣原住民的語言可說是四通八達皆通用，從太平洋東方的復活島，北方是台灣，西方是馬達加斯加，南方則是紐西蘭的毛利族。這麼廣大範圍內的語言，都是與台灣原住民語言相似或相同的。在太平洋各國都有與我們相同的母語，而他們的共同祖先是台灣原住民，因此台灣原住民的語言跟世界各國的語言有相似的發音。台灣平地語言（閩南話、客家話），除了在東南亞跟印尼華僑社會能通用之外，非洲沿岸的毛利西士的華僑社會都可通。同時非洲沿岸的馬達加斯加，是日本國土面積的 1.7 倍。就緯度而言，他們是南緯，我們是

北緯，但氣候卻是相當近似。學習語言，要把握時機越年輕學越容易學。

學語言有那麼困難嗎？

台灣的有錢家庭，花了大手筆金錢，從英國、南非聘請英語教師來教我們的小孩子。扁政府開始，英文成為國小的第二語言。我常常想，從外國請英文教師來教太貴了，為什麼不請菲傭來教我們的小孩英文呢？菲律賓人雖然有他們的腔調，但是全世界講英文的國家都可以聽懂他們的口音。台灣本地的英文老師反而不一定能夠溝通。若要學法文，則可以請越南的傭人來教我們的小孩子法文。請到家裡來做家事，用英文或法文跟孩子溝通，而不用中文或台語。所以我大力提倡鼓吹大家閱讀《猶太人的父母》那本書，那是由猶太人用英文寫成的，之後有人翻譯為日文及中文。要依賴教育部來實行通才教育太慢了，最好是從我們家庭的父母先著手實行。

如何成為教育典範？

《猶太人的父母》一書中提到，要趁孩子越小的時候多帶他（她）去旅行。但是台灣人有一個很大的缺點，就是到任何地方都用國語溝通，而不願意學習當地語言、與當地人溝通，所以喪失了很好的教育機會。這些都是從越年輕的時候開始越好。台灣很流行學習才藝（跳舞、樂器），這些固然重要，但卻不如語言來的優先。台灣由於專才教育導致發展上的瓶頸。大凡新發明與創新，都是要靠一個人的幻想力，且需要通才的知識（即使不精通，也該了解基本常識），故此，

台灣的電子產業越來越變成別人的代工廠，而缺乏自己創新的東西，此現象其來有自。

小故事

日本在明治時期於北海道 Sapporo 成立一所農業學校，並從美國聘請一位農業專家擔任校長，而且學校的宿舍生活跟起居完全採用西式。那位校長的大名是 Dr. Clark，大概是一位獸醫。他因無法習慣日本北海道的氣候，一年後就決定離開。離開時學生送他到車站，Dr. Clark 最後對他們說：「Boys，be ambitious in Jesus Christ！」意思就是：「少年人，要在基督裡立大志！」這句話最後在日本成為很有影響力的的名言。但因為日本並不是一個基督教國家，最後就把 in Jesus Christ 拿掉了。時代在改變，現今是個女人也可以當總統的時代了，因此我要大聲疾呼：「年輕人，要在耶穌基督裡立大志！」當年 Dr. Clark 的學生，後來都成為領導日本各界的領袖，其中有一位是台灣糖業公司的創辦人。那些學生當中也有幾位後來留學美國。那位糖業公司創辦人不但是一位很優秀的農業工程專家，同時也是很優秀的外交官，曾經在國際聯盟中擔任副祕書長。他也寫了一本很有名的書，《武士道之解題》，介紹武士道給全世界。他是一位樣樣都精通的通才，也是虔誠的基督徒。

（2013 年 3 月 8 日）

為台灣年輕人開一扇門

自從重返世界衛生組織（World Health Organization, WHO）的運動開始，熱帶疾病在台灣重新被關注，原因是 WHO 的兩大功能，即世界防疫資訊的共享，以及富裕國家有義務去協助貧窮落後國家的醫療衛生建設。其中後項功能，因台灣早已被列為富有國家，因此有義務提供協助。除了貧窮落後國家之地理環境大都位於熱帶地區外，位於熱帶地區的熱帶疾病疫區也漸成越來越多台灣觀光客流連忘返的地方，再加上引進三十幾萬外勞，使得熱帶病在台灣成為常見的疾病。很可惜的是，在台灣擁有熱帶疾病醫療執照的醫師廖廖無幾（大約十名左右），因此在台灣感染到熱帶疾病很可能是死路一條。

至於談到如何協助熱帶貧窮國家的醫療衛生時，台灣全國上下對熱帶世界或稱開發中國家的認知可以說是一片空白。這或許是台灣的傳統，因在談到國際問題，常指台灣與更富裕國家間的經貿及國防問題，而忽略了與貧窮落後國家間的關係。在談到貧窮落後世界，例如非洲時，甚至還建議介紹運用台灣經驗等等。台灣經驗只能適用於具有和台灣相同的生態環境、相同的人文歷史背景及自然生態的地方，在稍微不同的地方介紹台灣經驗時，其後果常是越幫越忙，不如不幫。

最好的例子是瘧疾在台灣絕跡。台灣瘧蚊的習性是吸血後停在牆壁上休息，因此噴灑殺蟲劑在牆壁上可以消滅瘧蚊而達到瘧疾的絕跡。台灣後來成為全世界學習的對象，但在馬來西亞、印尼和非洲等雨林

地區使用台灣經驗後不久，發現瘧疾比以前更增加，其原因是雨林地區村莊裡的瘧蚊習性雖和台灣的相同（是屋內型），可用台灣經驗消滅，但村莊周圍雨林中的瘧蚊習性是吸人血後直接飛回雨林樹幹休息，而不停留在房屋牆壁上（屋外型）。在瘧蚊世界裡不同種類的蚊子，保持平衡而不互相侵犯，但是村莊裡的瘧蚊一旦被殺光後，就引起雨林裡更厲害的瘧蚊大舉來襲，結果是更多的人死於瘧疾。

台灣農耕隊到了非洲的作法，常常沿用現代台灣的經驗，例如使用汽油動力的台灣製農耕機器，所以農耕隊員一旦離開，幾乎一切歸零，因為機器的零件在非洲不易找到。同時農耕機器反而使富者更富，窮人更窮，因農耕機器取代人力，因而使更多的佃農、雇工失業。此外，在最貧窮國家的醫師月薪只有幾佰美金，所以邀請貧窮國家的醫師來台灣留學受訓，再給他們國際公認的高學位文憑後，可能發生的後果是，讓他們有機會跑到薪水較多的較富有國家行醫，結果對派他們來台灣的國家來說，等於損失了幾位醫師。

以上只是我提到著名的三個例子。對此我的建議是，請具有決策權或影響力，並有志於協助開發中世界的學者、專家或高級官員，效法阿扁總統先到想去協助的開發中世界看個究竟，而不要坐在辦公室裡閉門造車。另外，充分了解受協助對象的需要是要好幾年，不是幾週就能辦到的，所以這工作最好且最適合由大專剛畢業的年輕人去做。因此我建議成立台灣大專海外服務團（Taiwan Universal Service Oversea, TUSO）。

這服務團的構想，今後的功能及預期達成的目的如下：

1. 目前外交替代役招收人數，去年只不過五十名，往後每年只

增加十名，替代役志工的功能及作法是，義務兵之替代待遇和國內兵役待遇一樣，也就是各國和平志工團待遇的好幾倍。至於 TUSO 的功能及作法是，替開發中國家在台灣找到適當有用之人才，如：中學、大學教師，和各種技術人才，這些人的月薪及住屋（宿舍），由開發中國家的雇用單位按照當地的水準支付及提供。TUSO 要負擔的經費是，台灣與開發中國家間的來回機票，緊急費用，保險費和訓練費用。行前訓練可由在台灣的各種研習會代替。至於學習雇用國家境內使用的語言和其他適應的訓練，因需要長一點的時間，而且為了有更好的效果，所以最好到雇用國再做，而且雇用國境內的教師所付的月薪，如照當地開發中國家的行情，費用可以減少到台灣的 1/10 就可請到很理想的教師。因此一名國合會志工所需的費用，大約可以使十個 TUSO 的團員到國外服務和學習。

2. 發揚中華文化一向是中華民國的傳統和最高的價值觀，尤其是在外國，在多元文化已開發的國家這麼做是件好事，但在開發中國家做時就可能變成文化侵略。TUSO 之認同效忠對象是雇用單位，因此基本上無法刻意去發揚中華文化，因此不致被認為是文化侵略，而且 TUSO 團員因沒有義務去發揚中華文化，所以能充分學到對方文化的精華及了解貧窮社會的社會問題，而掌握解決的辦法。

3. 台灣的外交人員包括志工團員在內，到國外通常住在一起，因此對當地的了解一向受到限制。TUSO 的團員基本上沒有機會和從台灣來的同伴住在一起，因此對當地的了解將比起

台灣派出去的外交人員更能深入。而且在官方單位目前無法使用「台灣或 Taiwan」的名稱，但 TUSO 為非官方單位就不受到這個限制。

TUSO 其他的優點有：

1. 我們學者專家文化的視野、學識、知識、見識和常識的範圍一般狹窄，常只具有華人、日本以及歐美的文化視野，而這些視野常常彼此重疊，因此台灣學術單位發表的論文，據說大部分缺乏突破性的發現及看法，常只是跟在別人的後面。只有具廣闊的文化視野，和擁有各種知識、見識者，才有可能做出開創性和突破性的論文或事業。到貧窮落後的世界，不但可以拓寬文化視野，增加各種見識及知識範圍，還能培養豐富的想像力，何況在開發中世界要做出一件幫得上忙的工作本身，就需要有豐富的想像力及廣闊的見識（這部分可向來自世界各地的志工和宣教師們學習）。非洲開發中世界及偏遠地區，一向是歐美及日本等先進國家學術界公認的研究題材大寶藏，尤其是和人文有關的學問，如醫學、人文、科學等，選對了研究題材，可以說成功了一半。

2. TUSO 團員也可成為台灣經貿南下政策的先鋒隊和顧問團。過去經貿進軍非洲的失敗，大部分是由於對熱帶地區了解不夠所致。我們的外交官礙於職分，只能留在首都的大使館和大城市的領事館，而無法深入民間（鄉村），更不用說深入偏遠地區。加上台灣外交官的培養訓練課程中，一向欠缺研究如何了解開發中世界的人、事與社會等最基本課程，如文

化人類學、跨文化溝通學、人文生態學等。因此，如要到開發中國家經商，卻只能樣樣依賴外交官作為解決問題的諮詢對象，是有其限制的。不如向深入民間的年輕 TUSO 團員請教，要來得快速和正確。話說回來，到任何國家的外交人員，如沒有文化人類學的常識或知識，是很難把工作做好的。

3. 外交部或國合會的主要任務及工作是，如何與邦交國維持外交關係，因此農耕隊常被安排在當地國總統和高級官員的農園工作，為了迎合加快生產的要求，只好引進汽油動力的農耕機器，如果是台灣的農耕隊，必定引進 Made in Taiwan 的農耕機器。但因很少機器的規格是一直不變的，因此引進的農耕機器過幾年就找不到零件，因廠商已經生產更先進但規格不同的農耕機器了。

在醫療方面，替最貧窮國家蓋最現代化的醫院，結果只是給當地國的特權階級人士享用，因現代化先進醫院的維護需要龐大的開支，因此只好從病人身上收取一些住院費和藥費，一般國民因付不起這些錢，因此這些醫院也就成為特權階級專享的醫院。

TUSO 之首要工作是，協助雇主國加速發展，而且是全民的發展。因此在前往雇主國前，需要學習適用於最貧窮地區的衛生照護學基本概念，和學習適當科技學（如用日光能的冰箱）等。以上是 TUSO 可以達成的近景，TUSO 的遠景就是促進建交。我曾經在加拿大留學八年（1963-71），後來參與加拿大大學海外服務團（Canadian University Service Overseas，CUSO），而到西非洲最先進的黑人國家奈及利

亞，在國立大學醫學院教醫科學生生化學、營養學、人類生態學和衛生教育學共八年（1971-79）。本人建議的 TUSO 的架構是 CUSO 架構的翻版。

援外或國際協助工作當中，醫護人員是最需要且最難找到的人才，而貧窮熱帶地區的醫療和衛生問題及解決方式，和台灣的情況大不相同，要從台灣出去，需要重新學習。除了城市以外，絕大多數的非洲地區還沒開始公共衛生，因此我們推展 TUSO 的目地及任務，主要是培訓合適的醫護人員到開發中國家服務。這就是為什麼我們將在每年寒暑假分別在台北醫學大學、高雄醫學大學、慈濟大學醫學院，舉辦「台灣大專學生海外醫療衛生服務研習會」的原因。這研習會的主要內容，以講解介紹適用於最貧窮地區的基本衛生照護學、文化人類學、開發中世界的簡介和熱帶醫學簡介，並聘請國內外頂尖學者專家授課和講解。歡迎各界不限年齡、科系背景，只要有愛心，都可報名參加。詢問相關事誼請電 02-2736-1661 轉 2411~3，台北醫學大學進修推廣部。今後每年寒暑假，將繼續舉辦各種有關的研習會，例如：更深入的適用於最貧窮地區之基本衛生照護學、文化人類學、跨文化溝通學、人文生態學和熱帶醫學外，包括非洲、拉丁美洲、東南亞等開發中國家的地理、歷史、現況之介紹，和適當科技（Appropriate Technology，適用於教育程度低的地區，能維護及修護的實用簡單科技）的介紹。

我期待 TUSO 各項籌備工作能順利推展，並且 TUSO 活動能被納入外交或國防替代役之一環。

（2000 年 9 月 11 日）

到貧窮國家留學

　　一講到國外留學，一般人的想法，留學地點必定是比台灣更富裕的歐美日等地。最近二十年來，留學地點增加為菲律賓和中國大陸的醫學院，給考不上台灣公私立醫學院的學子。但歐美在五十年前，日本在三十年前起，就開始有大學就學中的年輕學生，有的利用寒暑假，有的休學一年，更開放的作法是，歐美醫學院的課程中有整整一學期時間，鼓勵學生到第三世界大學醫學院留學，學習貧窮原始世界的實況，和富裕社會所沒有的各種問題的解決方法。其他海外志工團的成員大都是大學剛畢業還未成家者為主，他們大都以海外服務、共同研究等名義或方式，達到留學目的（海外服務或在海外異文化之地能幫上對方或能解決到問題，是非常不容易的事，解決過程中，會學到包羅萬象的各種知識）。留學項目如下：

1. 貧窮世界的醫學院附屬醫院由於人手不夠，醫學生就和醫院護士參與看診。貧窮世界的醫療制度，醫師與護士之界線模糊。病人來醫院，先經過護士和高年級醫學生（包括國外留學生）的診治，他們無法處理的，才轉給醫師診斷和治療。

2. 越到貧窮發展中世界，越能學到以前未曾學過的知識，並珍惜那裡的生活體驗。例如越到貧窮社會，居民顯得越快樂，每天笑臉時間遠多於憂愁嚴肅時間，而富裕社會則相反。

3. 在歐美日的醫學界人士，早已公認原始貧窮的第三世界，尤

其是撒哈拉沙漠以南，南非共和國以北的黑人非洲，和中南美偏遠地區，其中尤以亞馬遜河流域的原始林地區，是醫學研究題材的大寶藏。許多新的特效藥如追究其源頭，大都來自第三世界偏遠地區或原始林地區的巫醫使用的草藥，經過收集、分析、提煉或精製，決定構造式及合成得來的。很可惜的是，台灣醫學醫療界人士還籠罩在非洲恐懼症之中，並且台灣醫療界人士在貧窮世界的共同現象是傲慢，自以為是，從不考慮對方的文化習性和感受，看不起貧窮的對方，因此學不到東西。

4. 到少有別人去過的地方，去學習當地文化、習俗、想法，並得到文化角度，使年輕人在往後的人生，當他回到本國，因具有和本國人士不同的稀奇文化角度背景和追求研究的題材，不必和本國人士競爭也能做到許多事，或完成許多研究成果，並能在學術上有許多新發現。

5. 到貧窮原始世界尋找更有意義的人生。

6. 醫學院學生的實習內容（internship）並不限於醫療科目，可包括白領工作項目的領域，如 WHO，UNESCO，各 NGO 或國外醫療院所參與的援助機構，甚至有開放的話，各政府相關單位，見習生組織運作與建立人脈。畢竟，醫學院畢業生可以為社會貢獻的方法，不只是拿手術刀或聽診器。

7. 國際間各單位較歡迎醫學生前去 intern，已畢業人士較常受到醫師公會與認證規範，而不得其門而入。

8. 醫療雖有地域性特質的考量，但在跨文化、跨制度的情況下，更能體會以人為本的醫療本質。

　　針對以上幾點，從七年前起，台灣在寒暑假開始有「台灣大專海外醫療衛生服務研習會」，並在五年前台北醫學大學提供場地和行政資源，兩年前有第一位醫學系五年級女生參加台北市大安教會的非洲 Malawi 短宣隊三星期，她回來後一年內影響了幾十位各系的同學，去年暑假經過嚴格審查，北醫校方補助一半旅費方式，選派六位學生，當中一位是就讀慈濟大學人類學研究所，另一位是台大醫學系四年級生，其他四位是北醫學生。分成兩隊，一隊參加台北大安教會的短宣「親善訪問團」，另一隊參加 iACT，台灣版無國界醫療組織，到 Malawi、Zambia 等國家一個月，兩星期服務，兩星期參觀和旅遊。

　　以上七位都認為 Malawi 是很迷人的世界，他們在非洲學到的，比所付出的旅費和時間簡直不成比例的多，並且希望畢業後能再到 Malawi 服務幾年。

　　回來後，北醫校方開始出資成立 TUSO（Taiwan Universal Service Oversea），在北醫自稱為 TMUSO（Taipei Medical University Service Oversea）。若有其他大專院校願意成立類似學生社團，除了名稱自訂外，已經有的學校社團非常樂意提供經驗和各方面協助。

（2005 年 4 月 20 日）

模仿猶太式的教育

　　教育改革提倡至今越來越廣受爭議。積極倡言改革的一方，多為曾至外國留學歸國者；而對教育改革持置疑、較不積極參與，甚或持反對立場者，則多未曾到過國外留學。兩方對立的問題癥結，可能在於反對者無法理解倡導者的語言，教育改革可能影響既得利益者的權益，以及無法滿足父母親對兒女在短時間內成龍成鳳的企望有關。

　　我在此針對最後一個原因，提出「模仿猶太式教育」的改進方法，用意在試圖修正現時多數未曾受過外國教育的父母企望兒女能於短時間內（幾年內）功成名就的偏頗觀念。

　　我在三十多年前即開始注意到，並對猶太式的教育方式小有研究。在近代及當代最具影響力的思想家、科學家、社會經濟學家，甚至政治家中，猶太人佔了很高的比例，此為不可否認的事實。觀察每年的諾貝爾獎，若仔細追蹤其得主的出身，會發現擁有猶太背景的人至少佔了1/5。雖然猶太民族常以上主的選民自居，但以上所提及有優秀成就的猶太人，似乎並非所謂聖經中亞伯拉罕的子孫—— Shefaradee；而是於第八世紀時引入猶太教作為國教的哈撒耳王國之後裔（Ashkenajea，此和上主的選民無關）。故以個人長年觀察所得，猶太人的卓越成就，其實應和他們的宗教信仰及所衍生的獨特文化背景有關。

　　以個人之淺見，茲針對猶太式的教育簡介以下四點特徵：

1. 猶太人對孩童之學齡前或 12 歲前的教育非常成功。

針對這點，國內已有翻譯書《猶太人的父母》（台北文笙書局出版），請讀者參考。

2. 強調多方面的學習，也就是「通才教育」。

它的前身乃封建時期的貴族教育，及訓練統治者的教育方式。猶太人認為，一座山的高度和其底座面積成正比；山的底座面積越大，高度就越高。底座面積越大是指知識廣博程度越大。

相對地，我們的社會較注重「專才教育」，其實專才教育的前身，是受統治階級的職業教育。又專又精的人才是企業雇主和獨裁政治家最欣賞，卻也成為現今社會中最受注目的對象。過度提倡專才教育的結果，造成國民知識範圍越來越狹窄，國民間的知識重疊度越來越低，於是國民彼此間的粘度（知識重疊度）逐漸降低，終成一盤散沙。提倡又專又精使得國民知識範圍縮小，如同一座山的底座變小了，最後若想出人頭地，就得靠惡性補習。

目前台灣的教育好像在蓋鐵塔似的，底座面積受限，鐵塔蓋得越高越受有限的面積影響。反觀高山（通才教育）不似鐵塔（專才教育）般脆弱，也不容易受影響。要使這座山的底面積加大，便有賴於多方面學習，以獲取廣博的知識。

3. 猶太人非常注重多語言的學習。

台灣社會的子女，不論家庭環境優劣，幾乎都被送至托兒所學習才藝，或在家中請人代為照顧，他們的父母則在外奔波賺錢。彷彿錢賺得越多越有面子。但猶太父母，尤其是母親，會將養育子女視為一

種天職和特權，而專心投入對自己子女的教育。除了將教育擺在第一優先（請參見《猶太人的父母》一書）外，還刻意尋找適當環境（有如孟母三遷），使子女順利學習語言，先從母語開始，再循序漸進。著名的深層心理學家佛洛依德（Sigmund Freud），在 15 歲前便能流利地說八種語言，即為一有名的例證。

對猶太人而言，多學一種語言的價值，在於使看問題的角度和解決問題的能力更加立體化。好比我們從說台語的角度來看台灣問題，和從說北京話的角度會多少有所差異。在此我們且將「文化角度」定義為：自某一語言的發源地，拉一直線通過地球中心，並和另一種語言所形成的直線相交，所形成的交角。由此可見，我們如能多學得一種語言能力，就有多一層的文化認識，能和別的文化形成更多面的角度，使得看問題的角度涵蓋四面八方，即所謂的立體化。理解多元文化背景者，看事情能從多文化的角度，其洞察力（insight）便越深刻結實。再者，能多說一種語言者，其學習新語言的速度又比少一種語言者來得快速，會更拉大彼此間的差距。

只會講一兩種語言者和多重語言、文化背景者，他們之間的差異有如井底之蛙和翱翔高空的飛鷹之別。先前提到諾貝爾獎的得主，獲獎資格之一是，在其領域中最有貢獻者。以此標準評比，最具貢獻者不外乎開創新的探索領域者。身為開山始祖（開創新領域的人）必要條件之一，即眼光廣闊，具有多文化背景，能從不同角度思考的人。

另外，多元文化和廣博知識有相乘作用。具數種語言能力者，學習新知時，能透過數種不同方式詮釋，等於新增了數種知識。因此，具多語言能力和廣博知識者與他人相較之下，學習新知如虎添翼。不過猶太人更相信，徹底學習自己的母語就能更徹底地學習他國語言。

4. 對宗教信仰異常虔誠。

猶太教的教規繁多，其中一條是守安息日（相當於基督教中的禮拜日）除念聖經及默禱外，不許做其他的事情。故信奉猶太教者，每週至少能得到一天讓頭腦完全休息的機會，藉此除去精神疲勞的問題，能更有效率並持續動腦，活到老學到老。反觀我們台灣的年輕人，自小籠罩在充斥惡性補習的環境，長期的壓力造成精神過度疲勞，以致許多學子歷經大學聯考後，完全放鬆，失去繼續學習、自我充實的意願，使得大學四年成了名副其實的由你玩四年。

他山之石可以攻錯，盼望對教育改革持各種看法的多方人士能參考提出的幾點論述，將他人的文化引為借鏡，從中找到值得我們學習、仿效之處，好使我們個人乃至整個大環境都能日有進展。

一位教會
司琴老前輩的感嘆

　　我今年 79 歲，虛歲 80。我自 14 歲起就開始擔任教會的司琴。雖然中間被免職了五年（原因寫在文末）和斷斷續續服事，但是至少司琴超過五十年以上了。起初我認為教會司琴只是唱聖詩的伴奏，和禮拜的奏樂，不過是一種形式罷了。但在我讀高中時期（那時代會彈琴的人很少），每個主日需要跑四到五場的禮拜去擔任司琴服事，當中有兩場是別的教派（聖公會和安立甘教會）。其中一場在美軍顧問團的小禮拜堂（安立甘教會），從那時起與外國人接觸之後，才感受到教會司琴的職務是非常嚴肅且神聖的工作。教會司琴本身就是對神的敬拜，而奏樂不只是形式上的步驟而已，而是用奏樂來幫助信徒預備心好進入禮拜。司琴練習得再多或是彈得再好，也很難使會眾達到預備心做禮拜的氣氛；只有聖靈的幫助，才能達到這個氛圍，而且這段時間不宜太短，否則難達此目的。

　　後來我到加拿大留學（在加拿大只能作兒童主日學的司琴）。曾有一次機會看到加拿大教會司琴在禮拜前的熱心祈禱，和彈琴時的嚴肅神情，更讓我再一次了解到，教會司琴這項工作的神聖與嚴肅。回到台灣之後，一直想把我的感動與人分享，但苦無機會。始終無法與人分享司琴這項工作的神聖。

在台灣教會，很多小姐喜歡當司琴，其中不乏是為了出鋒頭。根本沒有所謂教會司琴應有的神聖態度，當然也不會去祈求神的幫助。出發點錯了，自然無法使來做禮拜的人得到充分準備。因此我心裡一直嘆息說，我們神學院的聖樂系究竟有沒有這麼教過學生？

從前的司琴是彈奏腳踏式的風琴（Reed Organ or Harmonium），這種古董現在在歐洲大教堂中的小教堂（Chapel）和日本教會的禮拜，都仍在使用它。在台灣的教會禮拜中，有 90% 都是使用鋼琴。因此靠鋼琴有飯吃，但是靠風琴是吃不到飯的，除非受聘於神學院之外，否則幾乎找不到收入。台灣教會也不會付薪水給他（她）。我不是說鋼琴不好，但是鋼琴不是為了禮拜堂而設計的，而且相較於風琴，鋼琴在序樂時要達到禮拜中一定程度的氣氛，是非常難達成的。若沒有達到這樣的程度，也就無法幫助會眾預備心做禮拜。當然教會有福音派、靈恩派或是長老會等派別，鋼琴有鼓動的作用，所以福音派的教堂最先使用這樂器。靈恩派的話，很早就開始使用電子琴，因為電子琴音會有浮動作用。天主教教會則嚴格地使用風琴，而排除鋼琴或電子琴。

近年來，起源於非洲本土教會產生的敬拜讚美方式（沒有受到歐美宣教師影響的非洲本土教會）傳到歐美後，又輾轉傳到台灣。很多人就把傳統的禮拜跟敬拜讚美的禮拜分開，用互不干擾的方式進行禮拜。但是有可能是由於老人凋零、年輕一代的人數成長之故，一向傳統式的禮拜也漸漸受到敬拜讚美的影響。於是不得不去尋找沒有敬拜讚美干擾的禮拜，但是敬拜讚美的勢力依然越來越強大，因此有不少老教會的司琴因而離開了長老會。甚至有的跑去天主教堂望彌撒。

我服事的教會曾限制我的奏樂時間不許超過幾分鐘，決定這件事

的長老們其中一位是神學院的聖樂老師。在台灣教會禮拜中的唱詩，習慣唱得又大聲又快速。我相信教會裡的詩班或最重要的講道，應該都有相同的態度和問題吧！就我個人的感覺與了解，唱詩越大聲、越快速，唱完詩就馬上忘掉；但越小聲並唱的時候能思想歌詞內容的，不會忘得很快，且有幫助增進信仰或信心的作用。由於我希望會眾能一邊唱一邊思考歌詞的意義，因而司琴的服事被停職了五年。長執也花了五年的時間才了解到他們的決定是錯的。

不曉得讀者您在敬拜上的經驗是如何呢？

海外宣教
與
國際參與

多做國際事務

　　二十幾年前，當中國代表在普世教聯（WCC）發起排斥 PCT（台灣基督長老教會之簡稱）會籍，以及從教聯中趕走 PCT 的時候，會議當場有好幾位 PCT 青年代表到處去請各國代表主持公道（當年中國要加入 WCC 的時候，PCT 還投贊成票）。當時各國代表的反應是，請 PCT 多做國際事務，但是台灣 PCT 代表好像不懂國際事務真正的涵義。

　　國際事務主要是特別針對第三世界國家的付出，各國代表要 PCT 多到貧窮國家從事跨文化海外宣教，使各國能多認識台灣的存在與貢獻，但是我們 PCT 似乎一直不願意去了解跨文化海外宣教這件事，更不願意付諸實際行動，然而卻有一些不懂 WCC 的台灣原住民或一些原住民小教會，跨出國門去做這平地教會不願意做的工作。

　　幾年後，大約 14 年前，美國的長老會派代表來到台灣的新竹聖經學院，與我們的 PCT 各單位代表開研討會，當時我也在場旁聽。美國長老教會質問我們的 PCT：為什麼不派跨文化海外宣教師到台灣以外國家（特別是第三世界）去幫忙宣教工作？但那時我們的 PCT 對海外宣教師的定義是：到國外的台灣教會，如果有總會差派的話，就稱為海外宣教師，倘若沒有總會差派，自行前往的就稱為海外傳教師。然而，一般國際上所承認的跨文化海外宣教師的定義是：**從富有的國家去到不同文化的貧窮國家，或從安定的社會到不安定的社會服務。並且向窮苦人傳福音，和解決窮苦人的問題。**所以當美國長老會代表聽

到台灣教會對於海外宣教師的定義後，他們的表情可說是目瞪口呆。研討會當下，美國長老教會所講的話，我們 PCT 的各單位代表除了台神院長謝穎男牧師與我聽得懂之外，其他 PCT 各單位代表不但聽不懂，且非常驚訝。可惜的是，那一次的開會就這樣不歡而散，草草結束了。

　　我從非洲回來台灣後，在彰化師範大學教書，同時也開始提倡從事跨文化海外宣教的需要。它的意義是到不同文化國家（特別是貧窮國），可以從外國人的不同的角度看當地人看不見的盲點，或是可以從事當地人做不到的事。一位宣教師在同一個國家服務超過七、八年以上，當他回到台灣，又可以從宣教地的文化角度來看台灣的問題。但是 PCT 對跨文化海外宣教好像還停留在一百多年前的馬雅各醫師及馬偕傳教士（兼牙醫師）的形象中，以為還是要花費相當大量的資金，但以我為例，我自己是自立、自傳、自養的平信徒工作者，在非洲我常常被列最有成績的跨文化海外宣教師之一。我家裡沒有什麼錢，四十一年來完全靠我自己的薪水走過來（當然也有零星的捐款收入），我是帶職事奉者，當時我在大學裡擔任生物化學講師，很少教會主動給我金錢上的支持。我的成績雖然不是最好的，但也不差。所以從事跨文化海外宣教會使 PCT 有損失的想法，應該是不成立的。

　　近年來，開始聽到台灣的海外服務，失敗的例子遠多於成功的例子。理由很簡單，台灣的海外服務（或稱短宣）都是先在台灣做好節目，然後到國外去表演。然而規劃工作節目的時候，規劃的人從來沒有到過對方的國家，去了解對方的文化習俗；或是只從電視節目中了解對方，然而電視中出現的內容只不過是片段而已。在台灣電視上所看到的非洲，通常是非洲富有人的世界；在台灣看到的非洲人，也是富有家庭出身的。這與親臨非洲後看到的非洲人又是另一回事了。我

們即使到非洲工作好幾年，也不可能完全了解他們的文化習俗。而最好的方法就是向當地人學習，並和他們一起規劃。就如我自己曾在奈及利亞和當地的婦女界領袖們共同研發出非洲當地的黃豆食品菜單。

致力提倡海外宣教的我，在努力了十多年卻沒有效果的情況下，有段時間我曾放棄再提倡跨文化海外宣教，轉而改辦台灣大專生海外醫療及衛生服務研習會。起先是在馬偕醫院，第二年起在台北醫學大學，因為當時的校長剛好是舊識，因此他邀請我使用北醫大的場地，並由他們提供行政資源及相關協助，還有幾位立法委員（國民、民進黨皆有）幫忙籌得經費。每逢寒、暑假，各辦一場（為期 7-10 天）。這研習會的報名門檻，不限任何背景。第一年只大約 60 位學員參加。第二年起約有 100-200 位的青年人參加。

前五年，我們從澳大利亞邀請到世界聞名的公共衛生專家主講及主持，之後也曾請到在台灣的加拿大跨文化海外宣教師，史邁克牧師（他是牧師兼文化人類學家，那時他在台東的原住民社區發展中心服務）。北醫大的研習會，參加的學生自 2003 年開始到非洲幾個禮拜。第一批有一位女生（醫學系），參加大安教會的馬拉威短宣隊去非洲。她寫了一份非常漂亮且吸引人的報告書，她的親身經歷分享深深地影響了後面的學員。第一批的學員是全額補助，第二批補助一半，第三批開始全額自費。改成自費之後人數並沒有因此減少，反而持續增長。但很可惜地，PCT 背景的學員來的太少了。

不過，這研習會從 1998 年持續辦到 2010 年就暫停了，因為各大學醫學院紛紛自行舉辦類似的研習會，並派學生到世界各地，主要是去非洲和南太平洋為主，因此北醫大主辦的研習會學員漸漸遞減。至今，台灣 45 歲以下的年輕人已經沒有非洲恐懼症的問題。但是超過

45 歲以上的教友（因為展現史懷哲醫師的偉大，把非洲形容為可怕的野生動物園）仍有嚴重的非洲恐懼症的問題，然而他們大都位居教會的上層，是決定年輕人行動的關鍵人。

最近從 PCT 的上層聽到，普世教聯（WCC）的規定是：如果沒有獲得邀請，台灣無法差派跨文化海外宣教師出去。PCT 以此為藉口，作為不想辦跨文化海外宣教師訓練課程的理由。然而我個人總覺得這樣的理由有點牽強，因為不是所有的基督教會都是 WCC 會員，基督教會還有其他的國際組織，如 ICCC。如果 PCT 認為參加 WCC 是神的命令的話，有太多東西都不能談了！現在的 WCC 不一定是神的組織（創辦時可能是）。裡面的會員，特別是中國教會的代表，有不少是非基督徒的官方三自教會代表。今天的跨文化海外宣教師，所從事的事情及項目並沒有和當地教會的工作重疊，只做一些醫療、農業、教育（高中或專科以上的教師）、會計與經濟顧問等技術性的工作，帶職事奉的海外宣教師特別受歡迎，因為許多國家，特別是回教國家，不歡迎神學院畢業的傳道人。因此跨文化海外宣教工作在二十世紀後半段起應該是以平信徒為主體，而不是教會上層能夠指揮的，當然教會仍需提供訓練。

幾年前開始，台灣也有從非洲貧窮國家來的跨文化海外宣教師。天主教和福音派的教會都有，特別是台北靈糧堂提供住宿和交通費用。天主教的神父中至少有五位是從非洲剛果來的（講台語、華語都非常標準），且第一位在廿三年前就來到台灣了。有的 PCT，也曾邀請他們去講道。PCT 一直忙於重返聯合國（或者以台灣名義加入聯合國），以及在台灣獨立之類的問題上花了很多精神，至於跨文化海外宣教工作的人選，不會是 PCT 認可的優秀人物。以我為例，我還沒有去非洲之前，我

在學校一直被認為是飯桶，也沒有博士學位，也曾在加拿大被退學過兩次，曾面臨過多次的失敗經驗。我的媽媽常常說我是最沒有希望的孩子。在一般人眼中，更是如此。但是神在我心中放下極大的負擔，因此我只好跨出去了（參加加拿大大學海外服務團）。一到非洲在下飛機的那一刻，讓我痛苦了五年的心中壓力才得到釋放；也在那時，我才確認是神要我在那裡工作。

這就是證明了，哥林多前書第一章 27 ～ 28 節說，神特別挑選那些別人認為是愚拙的軟弱的；在那時我就是這樣被看為愚拙的人選，留在加拿大或台灣都沒有用處。因此，開辦跨文化海外宣教，不應該是「教會」認為最優秀的人才才可以擔任或被神差派。我回來台灣三十年以上了，PCT 從來沒有請我去擔任什麼職務。在台灣社會裡頭，我常常是被忽略的，因而無法影響 PCT 目前努力的方向。然而 PCT 或所有教會往往該懂的不懂；不需要懂的懂很多。舉例來說，聖經裡頭特別告訴我們，初信的基督徒不應該選他們為長老執事，但這在 PCT 中是經常看得到的事。還有其他矛盾我在這裡不便說明，如果要開辦跨文化海外宣教事工其實不是很難的工作，我們 PCT 和不少國外教會都有合作關係，只要 PCT 願意謙虛，對跨文化海外宣教富有經驗的國外教會都很樂意協助。

在台灣有不少 PCT 牧師自以為讀過神學的都是萬事通，是最有權威的。我在彰化師大教書期間，曾志願幫忙大專事工，但被拒絕，理由是我沒讀過神學。不久，這位拒絕我的牧者轉調到美國的台灣教會去牧會。**有意願參加大專事工者**，都在聚會裡枯坐幾年後退出，原因是彰化中會任命一位不像是有大專事工經驗的一位長老負責大專事工。有一晚，這位長老出現在我面前，說他現在是我的頭（上司之意），

事工補助經費已經交給我的學生了（學生已經吃喝亂花完了，卻沒有交給身為指導老師的我）。類似的現象，在 PCT 教會裡頭常常出現。

我們的問題應該是過分驕傲，無法謙虛，另方面也沒有自信和對神缺乏信心。

（2013 年 3 月 18 日）

重返 WHO 應更務實

　　每年的 5 月中旬，台灣的醫療界都由衛生署署長帶隊，遠赴瑞士日內瓦的聯合國世界衛生組織，在大會會場外向 WHO 的年會叩門。今年由於得到最有影響力的美國和歐洲聯盟的支持，我們擴大了請願團的規模，很不幸地，今年第六次又失敗了。

搞錯方向

我們似乎忽略事實的要點：

1. 是否接納台灣為 WHO 觀察員的各國代表的票，在還沒去投票前就在自己本國決定好了，請願團的舉布條及宣傳品很可能改變不了什麼。

2. 今年雖然有美國和歐洲聯盟的贊成票，但他們的影響力到底有限。除了邦交國外，我們似乎只爭取比台灣更富裕國家的票，而忽略比台灣貧窮開發中國家的票源（約佔 WHO 會員國數的 4/5），但除非我們同時兼有協助開發中國家醫療衛生的經濟能力和誠意，否則，開發中國家不太可能投我們的票。至於如何協助開發中國家的醫療衛生，對我們來說幾乎是一片空白，多數在開發中國家工作的台灣醫師不會看地主國的熱帶病也是由來已久的事實，因為政府有關單位沒有這樣的看見，讓我們的醫師去開發中國家之前，先到 WHO 承認的

熱帶醫學院接受必要的訓練。我們引以為傲的台灣經驗很難成為他們的實際幫助，因為台灣經驗是建基於從日據時代以來廣泛的建設，而且開發中國家如果是在撒哈拉沙漠以南及南非共和國以北的黑人非洲國家，到今天他們的情況還達不到日據時期的台灣，再過五十年似乎也難達到，何況他們的歷史背景、生態、環境、社會文化及價值觀和台灣大不相同。

能力有限

台灣的海外醫療工作遇到的最大問題，是不了解所要援助的開發中國家，他們不只是非常貧窮落後，而且絕大多數是熱帶國家，所以大部分的疾病是熱帶病，和台灣的亞熱帶疾病是兩回事。

政府官員曾坦承，願意被派到非洲的醫療人員相當有限，加上行前沒有足夠訓練，只是迷迷糊糊的去，在非洲人眼裡，他們是一群「不會看病的醫生」。後來外交部接受建議，才開始有了不到兩週的行前講習，但兩週的行前講習是不夠的。歐美日等國家派到開發中國家的醫療人員，都須先到 WHO 認可的熱帶醫學院接受四到六個月不等的訓練，且須考取熱帶醫療與衛生執照證書（DTM & H），或在醫學院實習階段曾到過熱帶開發中國家的教學醫院受訓，時間通常兩年。

從台灣去修熱帶醫療與衛生執照證書（DTM & H）所需費用包括學費、生活費、機票總共約新台幣十五萬到卅五萬元之間，越遠的越貴。事實上，台灣的熱帶醫學教育已面臨嚴重的斷層，全國研究熱帶醫學的專家，如不包括屆齡退休的，可能不到十位。我們的醫生會看瘧疾的並不多，若是國人從熱帶地區經商或旅遊回來在外面不幸染上熱帶病，最好還是趕快回到當地，比較容易找到會治病的醫生。

不符當地所需

過去六年來，我和幾位同仁曾籌辦為期一到三星期左右的「台灣大專學生海外醫療衛生服務研習會」，或「熱帶貧窮落後地區醫療衛生研習會」。研習會的目的是，讓大專青年提早認識個人的國際義務，了解開發中國家現況，並鼓勵年輕人學習熱帶醫學基本衛生照護學，及介紹熱帶貧窮地區的醫療制度，希望藉此改變年輕人的價值觀；也就是讓他們把只想賺大錢及享樂的想法，轉變為助人為快樂之本。

由於熱帶貧窮地區的醫療制度和台灣大不相同，因此在台灣的各級醫療人員的職責和開發中國家同級醫療人員的職責不一樣，例如他們的護理人員需要負擔接生，治療一般常見的風土病，包括從外科的小開刀到剖腹生產；而在台灣護理人員是不被允許從事這些工作的，因此我們善於講理論的高學歷的醫療輔助人員，在貧窮世界就沒有用武之地。醫療助理或臨床助理（日據時期的醫專程度）負責一般的外科開刀及難度較高的治療，而正式七年制醫學院訓練出來的醫師，則負責治療上述人員無法解決的問題，再加上教學及教導的責任。

因此，台灣的年輕人如想要得到各種醫療經驗及比較廣闊的服務人生經驗，貧窮落後的世界絕對是最值得去的地方。在那些地方醫療是講究務實及經驗，因此我們的各級醫療人員不一定會比對方懂更多。

應先善盡義務

台灣大專學生海外醫療衛生服務研習會的名稱現已改為 TUSO 研習會。TUSO 是台灣大專海外服務團的簡稱。在 1998 年最先由馬偕醫院出資舉辦第一次為期三星期的研習會，到 2000 年，由於經費來源困難而停辦。去年因得到衛生署疾病管制局、外交部和青輔會的大力支

持，因此在北醫、高醫及慈濟（醫學院）各辦一星期的研習會。今年將在北醫舉辦兩星期的研習會外，針對高中生試辦同性質的研習會，以爭取更多的年輕人加入善盡國際義務的行列。

我和同仁誠懇希望，明年起我們的政府能接辦「熱帶醫療衛生服務研習會」，我們從旁協助政府辦好研習會，因為我和同仁的努力只是一個拓荒工作，而這個工作原本就是政府應該做的工作。

以往台灣醫界的態度大概是，如果 WHO 願意使台灣進入會員國，台灣才願意考慮善盡國際的義務，但大多數 WHO 會員國，尤其是開發中國家的想法則剛剛相反，他們要台灣先表現善盡國際義務的誠意。國際醫療援助是高度專業的工作，這種人才不可能在短時間內訓練出來的，所以需要盡早發掘適合的人才，並加以訓練。歐美等國家，從幼稚園時代就開始發掘適合的人才。

近年來，日本醫界去熱帶國家的醫療人員越來越多，但多是為了研究，因為那些地方也是醫學研究題材的寶藏，而且在那些地區工作較能找到人生的意義及目標。過去也有許多醫療宣教士在非洲發現治療不治之症的方法，我認為台灣若是要尋求創新，最好去貧窮落後世界偏遠鄉村去發掘。雖然台灣的邦交國大多是非洲及中南美洲國家，但我國並沒有研究熱帶醫學的研究所，在公私立大學也沒有非洲研究所，雖然已有拉丁美洲和東南亞研究所，但研究主題只停留於經貿事務上，並沒有從事增進了解對方的學問和研究，包括文化人類學、人類生態學，和跨文化溝通學等研究。

中共是經過蔣介石總統領導當年的中華民國政府，以及美國政府幫忙百般打壓、阻撓中進入聯合國，他們當年作法可作為我們的借鏡。

（2002 年 5 月 21 日）

海外醫療台灣不能缺席

　　我曾到過曼谷熱帶醫學院參觀，每年都有來自世界各國數百位醫療人員去學習熱帶醫學，可惜獨缺台灣。

　　如何有效地援助貧窮的第三世界國家，已是世界各國關心的話題。近年來，台灣的一些民間醫療團體亦自發性地參與國際醫療人道援助工作，但因為剛起步，不但缺少人力和財力，也缺少經驗整合。而政府近年來為了以「台灣」的名義加入 WHO（世界衛生組織），也做了非常多的努力，可惜的是，台灣積極加入 WHO 的作法，最大的考量仍在政治，甚至並未想過加入 WHO 後應盡的義務與龐大的代價。

不會看病的醫生？

　　台灣海外醫療工作最大的問題，就是不了解所要援助的第三世界國家不只是非常貧窮落後，而且都是熱帶國家。政府官員曾坦承，至前年為止，願意被派到非洲的醫療隊人數相當有限，大多數是國防醫學院自願加入的軍醫，行前卻沒有足夠的訓練和講習，只是迷迷糊糊地去，在心態上也看不起非洲人，平日以打牌來消遣無聊的時間，在非洲人眼裡，他們是一群「不會看病的醫生」，後來外交部接受建議，才開始有了不到兩週的行前講習。

　　這四年來，我曾促成基督教醫院舉辦為期二週左右的「熱帶貧窮落後地區醫療衛生研習會」，1998 年 8 月第一次，1999 年 3 月及 7 月

各一次，共辦過三次。講師方面，由於國內缺乏熱帶公共衛生人才，因此從澳洲請來 Prof. Dr. A. J. Radford, 再加上國內僅有的幾位熱帶醫學及相關人才。而今年因為醫院經費來源有問題，所以停辦一次。我已寫信給田弘茂前部長，希望未來能由外交部主辦。

熱帶醫學面臨斷層

我以多年來從事非洲醫療宣教工作的經驗認為，海外醫療工作最需要的就是基層公共衛生人才，甚至只是幫忙牽一條自來水管，就能夠使當地的衛生狀況獲得極大的改善。

國外有心援助第三世界的國家，政府大都會政策性的推動海外醫療工作，最近馬偕醫院有一位張育誠醫師自費到英國倫敦的熱帶醫學院學習熱帶醫學，但自費的金額相當龐大。要重點培育熱帶醫學的人才，還是要靠政府出資才能做得好。

近年來，日本醫界去熱帶國家的醫療人員越來越多，但多是為了研究。一位美國醫師在落後偏鄉研究，並將在 10 月 5 日出版的 Lancet 雜誌發表關於恙蟲病可治療愛滋病的論文，可能將成為治療二十世紀黑死病的解藥。過去也有許多宣教士在非洲發現治療不治之症的方法，我認為台灣若要尋求創新，最好的地方就在貧窮落後世界之偏遠鄉村。

雖然台灣的邦交國大多是非洲以及中南美洲國家，但是我們並沒有研究熱帶醫學的研究所。據我所知，英國倫敦大學一位熱帶小兒科教授主導成為廉價書供應服務公司，其所販售的兩大箱（50×40×30cm）完整的熱帶醫學、衛生基礎教材只要八、九萬元，但是台灣的醫學院居然連一套也不買。許多醫學院不但不關心，也不懂得裡面在說什麼，我國熱帶醫學教育恐怕將面臨嚴重斷層。

重返 WHO 的代價

　　1972 年，當時總統蔣公以漢賊不兩立為理由下令退出聯合國，並於次年被迫離開 WHO。1997 年，台灣醫界聯盟發起重返 WHO，並透過外交部的協助，於同年 5 月中組織了約 100 名左右的請願團，由當時衛生署長張博雅醫師帶領，浩浩蕩蕩地到達瑞士日內瓦，向 WHO 年度大會叩門。WHO 是聯合國的組織，是以促進全人類保健為目的，因此我們二千六百萬人口當然不應被排除在外。其功能除提供全球各國政府有關全球保健的第一手資訊外，主要是收集全球富有國家的資源（約佔全球人口的 1/5），去幫助落後國家的人民（約佔全球人口的 4/5）的保健工作。

　　如果我們加入 WHO，勢必要付出龐大的會員費或負擔，金額是按照國家平均國民所得乘以人口數再除以人口密度計算出來的，還必須派出多位醫療衛生人員到落後國家協助及支援保健工作。

　　由於 WHO 的會員國 85% 都是落後國家，以台灣的經濟實力，早已躋身富有國家，聯合國規定會員支出的金額要達到該國 GNP 的 0.7%，我國目前只有 0.14%，還要增加四倍以上，因此我們將來所要付出的勢必遠比我們想像的還多，而這一點，國人並沒有共識和心理準備。目前會員國中，對落後國家支出金額最多的國家是鄰國日本。由於受到日本國內憲法的限制和壓力，派不出聯合國和平維持部隊和足夠人數的國際援助人員，尤其是醫療衛生人員，因此只好以金錢代替人力，這還是以貿易抵制威脅下才逼使日本繳納，並不是他們自願的。（2004 年荷蘭成為援外最多的國家，對外援助額是他們的總人口數乘以美金 222 元）。

　　三年前，我曾隨醫界聯盟到日內瓦參加世界衛生組織會議，並要求台灣加入 WHO，台灣加入 WHO 的目的最大考量還是在政治。除了中共的阻撓，事實上國際社會根本感受不到台灣願意善盡國際義務的誠意，所以遲遲不肯讓我國加入。我認為台灣還沒有付代價的心理準備，貿然加入 WHO，反而是災難的開始。

　　但這並不表示我們就不該加入 WHO，因為台灣的處境越來越艱難，若不積極加入國際社會的合作，恐怕會越來越被孤立。我認為，我國應該甄選具有保健或公共衛生方面的人才，送到國外，給予英、法、西班牙或俄文等訓練，並派駐於瑞士日內瓦，參加所有的會議積極研究我國能否參與 WHO 及預備以後成為 WHO 的一份子。

　　另外，應增設獎學金（公費），選送青年學子到國外接受熱帶醫學及衛生的國際醫療與衛生訓練，成為日後支援落後世界的人才資源，我們若再不做就來不及了。台灣早期一直到三十年前受到國際的援助，現在應該是有所回饋的時候了。

（2000 年 10 月 11 日）

加強醫療宣教師的專業訓練

　　讀了《路加雜誌》100 期周醫師撰寫的〈佤邦我見我思〉之後，勾起了許多回憶。記得年初路加傳道會邀我到佤邦走一趟，當時照我的了解，佤邦應該有許多偏遠地區共有的公共衛生問題（Rural Health Problems），需要改善公共衛生才能根治之疾病，各種的營養缺乏症——例如蛋白質缺乏症、甲狀腺腫大、貧血，以及鈣的缺乏症。但很意外地，在聊天中發現，和我同去且經常往返台灣與佤邦的醫師並不認同我的看法。他說安邦醫院附近是佤族軍隊前線的地方，越到前線越不會有營養缺乏症的問題，因有許多野生動物可吃。後來訪問從台灣去佤邦擔任軍校教官的人，談起採用黃豆補充蛋白質之不足，他的回答竟是黃豆價格比白米貴⋯⋯，實在無法和他再溝通下去。

　　黃豆是目前全世界公認價錢最低廉，品質非常優秀之蛋白質來源，以沒有泡過水的乾燥淨重和同重量牛肉相較，其蛋白質品質及含量大約是二倍，價格卻為牛肉的 1/8 左右（如以整條牛和整粒乾燥黃豆相較時，其所含蛋白質價格更相差至 20：1 以上）。最近（7 月 22 日）屏東基督教醫院醫療宣教中心回函給我，以同樣的理由（黃豆價格比白米貴），正式回絕以黃豆補充蛋白質缺乏之建議。並另以電話告知，緬甸政府已批准佤邦附近之永泰村將建立大型養豬場（規模三、四萬頭），因此可望於三、四年內解決佤邦的蛋白質缺乏症問題。但是，既然黃豆的價格比白米貴，連黃豆都吃不起的地方，怎能吃得起豬肉

呢？我心裡想，路加同工不認同的問題，我這個局外人又能怎麼樣！於是我保持靜默到今天。如今周醫師的報告竟然和我的看法一致。他說在宣教地工作輕鬆，可是另一方面他覺得在有那麼多問題的地方，他竟然無能為力。在在都表示，我們的醫療宣教師不管是前者或後者之基本裝備都不夠。

　　台灣的醫學教育是針對都會地區環境設計的，和落後偏遠地區之問題、解決方式等，截然不同。雖然台灣和歐美的醫學教育一樣先進，但在落後偏遠地區，幾乎無用武之地。因為不能以所謂先進的觀念來解決落後偏遠地區的問題，如同路加福音第五章 36～39 節，主耶穌說的新舊難合的比喻。大都會地區所要求的醫學教育，是又專又精型的專科醫師教育；偏遠地區所要求的，則是萬事通型的通材型醫師教育。偏遠地區之公共衛生問題，除了近來興起的愛滋病問題外，營養缺乏症幾乎佔了一大半。但到今天為止，台灣醫學教育的必修課程裡沒有食品營養學（在國外，尤其歐美、非洲，早就把食品營養學列在必修課程裡）。因此，在台灣不懂食品營養學的醫師是普遍現象，也可說明前述兩位醫師面對屬於營養缺乏型的公共衛生問題時為何有此反應。

　　我以為解決的方式就是，今後所有願意到落後地區服務之主內兄姊，應接受更多有關的訓練。醫師可以到熱帶醫學校（School of Hygiene and Tropical Medicine）接受裝備；護士則可以吸收更多醫學教育，如看診等屬於醫師的工作，和醫檢師、營養師的工作，就像東非的護士通常就能解決掉醫師大半的工作。其他的輔助人員，應先接受為偏遠地區設計的社區發展研究機構的訓練。對我們來說，最近且最經濟之訓練場所，應該是泰國。如果是熱帶醫學及社區衛生的訓

練，最好是到位於曼谷的 Mahidol 大學熱帶醫學院。這所醫學院在國際上頗富盛名。至於偏遠地區之發展訓練所，最合適的地方是位於馬尼拉附近的 International Institute of Rural Reconstruction，這個研究訓練機構是著名華僑晏醫師所創辦。目前國內馬偕醫院和屏東基督教醫院開始合作，每年從國外請來熱帶醫學及基層醫療衛生關顧之世界知名專家，開辦跨文化海外醫療宣教研習營，提供偏遠地區熱帶醫學及衛生入門課。有意者可向上述醫院之院牧部查詢。

附　錄

奈及利亞黃豆的普及與
蛋白質缺乏症的預防

風土與風俗

在奈及利亞有 600 個以上部族，可概分為以伊博語為中心的的東部區域、以尤魯巴（Yoruba）語為中心的西部區域，和以豪薩（Hausa）語為中心的北部區域。伊博（Igbo）族居住在奈及利亞的東部，因為土地貧瘠，所以家族的所有成員每天都必須到田裡耕作才能生存，常常工作到筋疲力盡。每當吃飯時，家族全員，從父母到小孩都同一桌吃飯，幼兒的食物是父母先用嘴咬碎後，再餵食孩子的方式。因為全家族的成員都在田地工作，所以嬰兒也是在田裡的樹蔭下成長。也就是說父母與孩子的食物營養價值是一樣的。因此，伊博族的嬰兒很少有罹患蛋白質缺乏症（Kwashiorkor）的情形。

另外尤魯巴、豪薩族則和伊博族不同，他們有五分之四的小孩在 5 歲前就夭折了（死因是營養失調，加上瘧疾和麻疹），而存活下來的 70% 則患有蛋白質缺乏症。追究其原因，若不明白他們的社會狀況就很難了解。

古代的尤魯巴族，就像日本的戰國時代，各地酋長佔據一方，彼此互相殘殺，戰敗者成為奴隸，被賣到北美大陸，也就是現在美國黑人祖先的一部分。因此勢力較弱的酋長相互聯合，盡可能比鄰而居，互相幫助。結果就形成了多個村落聚集的社會（Massed village），其

社會生活和伊博族的農村社會不同，逐漸演變成都市生活。伊博族是有錢先買食物來吃，至於衣物，因為反正都要到田裡勞作隨便就可。而尤魯巴族則相反，因為生活在都市，講求對酋長忠誠，重視禮節與打扮，他們只拿出全部財產的一小部分用於食物，不太注重吃的方面。結果罹患蛋白質缺乏症的不只小孩，連大人也很多。（近十年來，大人罹患此症已經不多）

尤魯巴族和豪薩族居住的土地，比起伊博族的居住地肥沃得多，不會家族全員都到田裡工作，只有父親和長兄到田裡工作而已。吃飯的時候，白天工作的一家之主有優先權，所以父親就先把好吃的食物吃光。留給小孩的只是殘渣的澱粉食物，量也常常不足。如此一來，就常有小孩罹患蛋白質缺乏症或營養不良（Malnutrition）。

豪薩族大多是回教徒，因而衍生出一個令人感興趣的問題。回教社會是男尊女卑，一家之主的權力非常大。因而不只形成歷史、社會問題，教育和宗教也出現了差異。

教育和宗教

首先，我們來看伊博族，以伊博族為主的東部，到基督教傳來為止，都信奉 Ju-Ju 教（祭祀時，在祭壇上殺害小孩，再使起死回生的風俗），而半數的尤魯巴族和多數的豪薩族是回教徒。Ju-Ju 教的文化社會不像回教，組織化不強，雖然基督教在尤魯巴族比伊博族早傳來百年，但是伊博族卻先被基督教感化。西式的學校教育是由宣教師開始，在被基督教化的土地上興建學校，加深了基督教的教育。因此西式的理性主義就此生根了。

伊博族孩子的頭腦，沒有受到蛋白質缺乏症的破壞，加上充分受到

學校的教育。他們相信學校教育是唯一的出路，是自貧瘠土地脫困而出之路，實際上伊博族 90% 以上的小孩都有上學。

由於伊博族很少罹患蛋白質缺乏症，很早就承受人口過剩的壓力，所以必須爭奪少數的社會地位。只要是居住在如此生存競爭激烈社會裡的人，一般都會變得奸詐狡猾。因此伊博族不斷進軍全奈及利亞，甚至全非洲。他們的勤奮、努力、好頭腦，還有狡猾的特徵，以及強烈的利己主義，引起被利用的豪薩族的反感，我想這是歷史社會學上演進的過程，而回溯營養學的觀點來看，這可說是奈及利亞發生內戰的原因之一。

另一方面，尤魯巴族和豪薩族也不相同。首先回教徒要被基督徒感化是很困難的。回教徒不讓小孩上學，因為害怕變成基督徒。

因此豪薩族的小孩到學校上學的，即使是現在，也只有 5～10% 而已，遠離市鎮的村莊則找不到學校。奈及利亞約有一億人口（1975），伊博族約 1600 萬人，豪薩語通用區域的人口約 3200 萬人，但實際上說豪薩語的小學生總數，比伊博族的中學生和高中生的總數還少。如上述，回教徒的父母不贊成小孩去上學，即使上學了，因為有蛋白質缺乏的病症，所以成績無法提升。此外，學校本身也缺乏吸引力。結果就變成了各部族間之平均智識程度的不平衡。

奈及利亞的黃豆普及與問題點

這不只是奈及利亞和西非的問題，也是第三世界全體共通的公共衛生上的問題，其產生最明顯的結果就是蛋白質缺乏症。尤其是嬰兒和孕婦之間產生的蛋白質缺乏症問題，在第三世界服務的人，都很容易就可看出其造成的悲慘情形。這個以黃豆食品普及作為解決方案的

提議，早在二十世紀初就由宣教師和在殖民政府工作的人們介紹到第三世界，而黃豆的栽培也早已成功了。

但是要解決第三世界的蛋白質缺乏症，並不如一般人所想的那麼簡單。一般認為只要充分取得蛋白質就好了，如多吃肉、魚、蛋不就解決了，但問題是，第三世界共通的社會狀況就是貧富懸殊，有錢人肥胖，中產階層的人很少，社會底層的人連求溫飽都很吃力了。誰都知道要多吃肉、魚、蛋才有充足的營養，但是貧窮家庭要買這些東西的錢從哪裡來呢？再加上宗教信仰的因素，不吃肉和蛋的地方也不少。

由於上述的實際狀況，讓最容易取得蛋白質的黃豆能夠普及，應是最快速有效的解決方法。這個推廣工作不只日本人，也是全世界的志工和宣教師長年在推動的計畫。但是黃豆一直沒有辦法成為非洲人的日常食物（popular food）。即使成為日常的食物，頂多只是充作點心（snack food）而已，想讓黃豆變成三餐（staple die）的一部分，真是難上加難。依個人的見解其原因如下：

一、黃豆食品的製作很麻煩

而豆漿製品又有令人討厭的草腥味。雖然黃豆粉沒有那麼強烈的草腥味，但是對非洲人來說，卻是有生以來第一次嚐到的味道。豆子的草腥味對非洲人來說，比藥的味道還難以忍受。黃豆粉在日本並沒有成為日常的食品，所以對初次品嚐的非洲來說，就更不可能了。

二、介紹方式的不恰當也是原因

不只日本人，到第三世界服務的大多數志工都有這個通病。他們嘗試介紹自己平常食用的食物。的確，誰都很高興看到非洲人尊重我

們的食物與吃法。但是對大多數的志工來說，要融入土著和他們一起生活，實在是很難辦到。要融入以前不曾體驗過的文化，而且是奇怪文化和野蠻世界，一般認為是很愚蠢的。因此介紹黃豆的食用方法給第三世界教育程度低的土著之方式，日本人是介紹味噌、醬油、豆腐、豆漿，和黃豆粉。來自歐洲和北美的志工，首先是教他們製作像黃豆粉的粉末，然後製成餅乾、麵包再普及。但是志工們都沒有注意到，非洲人喜歡的食物是用非洲的方式所製作的非洲菜和傳統口味。

舉在日本料理店所賣的咖哩飯為例，咖哩飯原本來自印度，經由日本人改變後，變成日本人喜歡的食物，已完全日本化了。然而幾乎所有的日本人都不喜歡道地的印度咖哩飯。我還沒聽說過，有出國留學的日本人原本喜歡吃咖哩飯，而由印度人請吃飯後，會真正喜歡上道地咖哩飯的。

在教育程度高的日本都是這個情況，何況是教育程度低的第三世界的土著？對不曾體驗過其他世界生活方式的人來說，要努力讓他們習慣日本式、西洋式的黃豆製品，比我們認真去普及更需要花功夫。這雖說是常識，但實際上大多數的志工儘管是文明人，也都缺乏這樣的常識。

雖說找出非洲土著通用且最習慣的方法是當務之急，但是要介紹的食品往往都是土著不曾見過的東西。就像製作餅乾、麵包，雖然只需要烤箱，但是烤箱對貧窮的非洲人來說，比他們居住的茅草屋更為昂貴，要得到桶裝瓦斯也是不可思議的天方夜譚，更沒有食品工業的製品。從以往到現在，連製作最簡單的食物，都無力負擔了，食品工業製品的價格，必定是此價格的數倍，幾乎是不可能買得起的食品。

三、是第三世界土著的意識問題

他們不斷的受到天然災害的侵襲，其悲慘狀況受到許多人的同情。我們將一部分食用的食物捐贈給他們雖是一番美意，但是我們的食物也許並不適合他們的體質，反而對他們造成比現狀更悲慘的反效果。例如介紹脫脂牛奶給蛋白質缺乏症的孩童，並提供有此疾病之病童的母親。但是，大多數非洲人的體內都缺乏消化奶糖的酵素，脫脂奶會使大多數的非洲人拉肚子。而缺乏數學觀念的母親們，在泡牛奶時，對 1 比 10 或 1 比 5（奶粉對水的比例）的比例並不清楚，再加上用沒有經過消毒的河水來沖泡牛奶。她們認為在很熱的季節把水煮開來喝是很奇怪的事。（天熱理當喝冷水）所以脫脂奶粉和外來食物帶給他們的結果是，嬰兒反而因這些外來的援助物資而死亡。

新的食品，特別是食品工業製品，對教育程度低的土著們來說，往往會懷疑是否含有毒物。因為他們不知道新的食品是如何製造出來的。但是我尚未聽過他們對新的穀物抱持懷疑態度。

綜合以上所述，我認為黃豆食品無法在第三世界普及，成為大眾喜愛的食品，最大障礙是黃豆食品的草腥味和苦味（beany flavor and bitter taste）。第二個原因是太麻煩，雖說是麻煩免不了，但是黃豆製品的做法若能符合非洲人最習慣的方式，他們就可以接受。我們因此根據西非的狀況找出他們最習慣的方式，在製作過程中防止豆類草腥味與異味的發生，或是將豆子製成無草腥味的粉狀，與他們日常的食物混合的方案。其報告整理如下。

在奈及利亞大學任職時的黃豆普及活動

我在 1971 年 8 月以加拿大大學海外志工團的一員，被派遣到奈及

利亞東南部，位於過去因奈及利亞內戰受到破壞的比亞法拉共和國首都埃努古（Enugu）的奈及利亞大學醫學院，擔任生物化學講師。赴任時，因內戰已經結束一年又七個月，學校已恢復上課，學生為了補足內戰三年的課程，從早到晚拼命的上課。其努力讀書的情形，全世界無人能及。開始上課時，40 人用的教室裡擠進了 120 名的醫學生。桌子、椅子都是以長條木板克難使用；黑板則是在日本早就被丟到垃圾桶的替代品，學生沒有課本，學校圖書館也空蕩蕩。120 名學生的全部智慧財產就是，身為講師的我，和我從加拿大帶來的書籍而已。

　　生物化學的課程有五學期，最後必須接受英國（特別是 Cambridge，London，Oxford）考評委員會（？）examiner 主辦的學科最終測驗。實際上戰後百廢待舉，一切都是從零開始。學生教育都是如此慘狀，研究的狀況更是無法想像。

　　1972 年 3 月，我參加奈及利亞理科學會的年會，第一次聽到在奈及利亞有栽培黃豆，但是栽培的黃豆，幾乎都出口到國外去。年會中一位演講者報告說，從黃豆中取得蛋白質，加到奈及利亞早餐的澱粉殘渣中，煮成泥狀像是 Pap 的食品，再將此製成工業製品。當時，我詢問演講者是否有人注意到亞洲古代傳統吃法，演講者回答不知道。工業製品化的產品，眾所周知其價錢是原料的好幾倍，再怎麼便宜，也只能用於非洲領導階層或有錢人社會而已。也就是說，對貧窮的人來說是高不可及的食品。

　　當時，我心中浮現了一個想法，我到加拿大留學之前，住在日本和台灣。味噌湯、豆腐、醬油幾乎每天都會吃到。雖說味噌、豆腐、醬油都是專家製造出來的，但那不是精緻工業製品。所以，如果可以把亞洲的黃豆食品製作方式改良成西非的方式，就不需做成工業化製

品，而將之推廣為在每個家庭都可以製作的黃豆食品，如此一來，蛋白質缺乏症就可以改善了。正好此時，有一位朋友是同大學的神學講師，他是天主教的神父。他捐出全部財產，用於救濟比亞法拉戰後，多數的蛋白質缺乏症者，他因為家財散盡而不得不暫停他所發起的救濟活動。我受到這位朋友親切的友誼與獻身的感動，心想自己是不是也應該做些什麼事呢？因此下決心實踐這個浮現的想法。

我不曾學過除了生物化學課本中記載的營養學之外的營養學，也不知道豆腐的製作方法。因此向日本駐奈及利亞大使館的重光晶大使和夫人（現為駐蘇聯大使）請求教我豆腐的做法，馬上得到大使和夫人的回應，我被邀請到大使館，在大使館官邸的廚房，由大使的廚師濱谷勝彥先生教我豆腐的做法。大使和夫人更把奈及利亞很有名的營養師介紹給我。這個營養師給我很多的提示，在大使和夫人的祝福之下，從我家的廚房開始了工作。

當時在大學毫無設備，當然也沒有研究經費。因為黃豆全部都是出口品，所以花了半年時間，終於取得 6kg 的黃豆，首先做成豆漿和豆腐，邀請奈及利亞東部州的農林省官員來我家參加公開演出，還把帶有些豆子草腥味的豆漿混入奈及利亞主食的樹薯之中，並請他們試吃，豆漿的草腥味在樹薯的味道中完全消失。看到這個公開演出的官員們既驚又喜，馬上盡全力支援我的工作，讓我受到了很大激勵。之後，不只是農林省的官員，也請衛生省的官員們來參與我就像是銷售人員，請人試吃在我的廚房所製作出來的食品一樣。在進行的過程當中，有將近 20 位夫人（主要是家政師、營養師、保健員，和小兒科醫生等，全都是曾留學歐洲、英國或美國的菁英）經常進出我家，我家頓時成為她們的聚會場所，也像一個研究單位，以團隊合作（team work）的形式很自然地展開研究。女管家和營養師想要烹調歐美式的料理，保健護士則努力將之應用於偏僻村落的簡單料理。而我則提供這些努力於黃豆補給和簡化料理法的保健護士們在學術性上的自信。

這項集合了近 20 位各有所長婦女的工作，進展得非常神速，經過半年已經有三十道食譜產生，而且其中五道可以在偏遠村落應用，並且接受度很高。在當年奈及利亞獨立建國的紀念日，州政府獨立紀念宴會上，全部用黃豆做成的料理來慶祝，令當時出席的政府高級官員非常吃驚。不久，我在大學兩年的服務期限即將結束，被招聘到位於奈及利亞北部的 Ahmadu Bello 大學醫學院當臨床化學的講師，當年 9 月（1973 年）前往赴任。

奈及利亞的食物和黃豆的普及

接著，為你介紹奈及利亞代表性的食物和食用方法，以及由黃豆製成的奈及利亞食物。濕氣較重的東南部的早餐是由 Cow Pea（一種豆）做成的紅色丸子和摸因摸因（Moun-Moin），加上由小麥粉製成的帕夫帕夫。從這三種中選一個，把發酵過的玉米粉加水，放入砂糖，煮成像放了太白粉黏稠狀的汁（稱做 Pap）這兩者是他們的早餐。這當中嬰兒食用的食物只有 Pap 而已。

紅色丸子和摸因摸因是將 Cow Pea 泡水一小時後，剝開豆皮[1]，再把剝好皮的豆子磨成黏稠狀（Paste）的，再加入搗碎的洋蔥，放入胡椒調味，再油炸成紅色丸子。而用葉子包起來蒸的就叫摸因摸因。

帕夫帕夫是在麵粉裡加砂糖和發酵粉，加水攪拌至黏稠狀，撕成小塊再油炸。

---

[1] Cow Pea 的料理，如果沒有去皮的話味道就不好。

　　Cow Pea 含有 20% 的蛋白質，但是只有一半會被人體消化吸收。因此如果吃了 100g 的 Cow Pea，只有 10g 蛋白質進入體內。在非洲栽培的黃豆，其蛋白質含量約為 35% 左右，其中的 4/5 可以由身體吸收。也就是說，消耗 100g 的黃豆，35g 的 4/5 也就是 28g 的蛋白質會被身體吸收。實際上，人們可以吸收到比 Cow Pea 近三倍的蛋白質。

　　由黃豆做成的紅色丸子，摸因摸因，帕夫帕夫和 Pap 的做法如下。

　　首先將黃豆泡水一晚（從晚飯時間到早餐時間），第二天早上，黃豆連皮[2]一起搗碎，做成 Paste。黃豆的 Paste 在最初時會有草腥味，如再繼續搗碎（一邊加水）就變成乳白色的 Paste。這個 Paste 沒有味道，只有一點草腥味。草腥味是因為 free unsaturated fatty acids 被 lipooxidase 消化成數量很多的有機化合物（碳為 3 ～ 10 左右的有機分子）所產生的。如果可以控制酵素作用，就不會有草腥味了。幸好奈及利亞的早上很涼快，黃豆的 lipooxidase 發生酵素作用緩慢，因此產生的草腥味（beany flavor taste）就極少。馬上把 Paste 放入下一個料理過程，產生的草腥味就會被別的味道所覆蓋。此外，經過油炸又會蒸發一些。但是黃豆製成的 Paste 缺乏黏性，有必要加入太白粉、玉米粉或麵粉等來增加黏性。

紅色丸子：Paste 3 杯，洋蔥（切碎）1 ～ 2 杯，胡椒、鹽各 1 匙，澱粉 1 杯充分攪拌後，用油炸過。

帕夫帕夫：蛋 1 個，加 1 杯水攪拌後，加入 Paste 2 杯，麵粉 1 杯，砂糖、發酵粉適量，再次攪拌後，用油炸過。

豆　　漿：以 Paste 1 杯加冷水 3 杯的比例攪拌成白色溶液，盡

---

[2] 黃豆料理如果去皮的話，味道就不好。

快加熱煮開，沸騰後，小火繼續加熱幾分鐘，冷卻
後用布過濾。濾液即為豆漿，而殘渣可作為黃豆粥。
這和日本豆漿的做法不同，在非洲偏僻地區無法取
得日本式的設備，而且也無法預測非洲的狀況。冷
水會因 lipooxidase 而減緩酵素作用的發生。沸騰幾
分鐘是為了去除黃豆的草腥味。我們亞洲人已經習
慣豆子的草腥味，但是非洲人特別敏感。Paste 1 杯
和冷水 3 杯的比例可做成含有 2% 蛋白質的豆漿。

Ｐａｐ：就是豆漿中溶入玉米粉或小米粉，有甜味，煮成泥
狀的黏液。這樣煮成 Pap 的味道，和原來的味道沒
有差別。因為豆漿的味道太淡了。

摸因摸因：加入製作豆漿過程中的豆腐渣 3 杯，澱粉 1 杯，切
碎洋蔥 1 杯，胡椒、鹽各 1 匙，攪拌後，裝入空罐
中或是包上葉子，蒸一蒸。直接用 Paste 製作摸因摸
因並不好吃。我想大概是味道偏淡的蛋白質太多了。

這些以黃豆製作出來的紅色丸子、帕夫帕夫、Pap 和摸因摸因，
非常受歡迎。約有六、七成的奈及利亞人認為，這些紅色丸子和摸因
摸因比 Cow Pea 做成的食物好吃。100% 的人認為帕夫帕夫比原來的
好吃。更棒的是，它們廣受小孩子們的歡迎。Pap 的味道跟原來的完
全相同。如果光看蛋白質的含量，紅色丸子和摸因摸因提高了三倍，
帕夫帕夫為十倍，Pap 也有十到二十倍之多。除了早餐之外的主食，
在南部為山薯、芋頭、玉米的澱粉、樹薯；北部有小米和 millet。山薯
和芋頭的吃法，是先用刀子把皮削去，切成小塊蒸熟，再放入臼中搗

得像年糕似的黏稠狀，這就是 fu-fu。小米和 millet 的做法，則先磨成粉狀，加水攪拌後再蒸過。吃這個小米和 millet，吃的人可從中取得 10% 左右的蛋白質，但問題是吃山薯、芋頭、玉米的澱粉和樹薯者，他們的主食蛋白質含量不到 1%。

　　這個解決方案是在兩年前我前往 Ahmadu Bello 大學赴任後提出的。在敘述這個解決方案之前，我想先說明我第一年（1973～1974 年）在 Ahmadu Bello 大學的情形，以供參考。

任職 Ahmadu Bello 大學時的黃豆普及活動

　　當我抵達大學醫院，進入臨床化學教室和檢查室時就了解到，這個教室的教師只有主任教授 1 人，臨床化學檢查技師 3 人和 5 名助理，還有學生而已。大學醫院病床有 400 床，這些人數要負擔臨床化學檢查，在日本是無法想像的。主任教授是前英國倫敦大學教授，是聞名世界的血液學權威。兩年前退休，以 67 歲高齡到 Ahmadu Bello 大學服務。我很尊敬這位 George Discombe 教授。他最先告訴我的話，不愧是偉人的一番話。

　　他說：「全西非的大乾旱，到今年（1973 年）好像達到了高峰。今年西非全域有 90% 的家畜死亡。明年自雨季開始，蛋白質會出現空前的大匱乏。沒有人知道解決這個問題的對策。也就是在短期間解決一億人口的問題。你以前從事的黃豆普及工作，在不到一年的時間創紀錄的成功了。因此可以說你來的正是時候，也來對了地方。第一年請繼續黃豆普及的工作，臨床化學的工作全部交給我。你需要有充裕的時間，你要怎麼做由你決定就好，我盡全力配合。」

　　一年內我必須在新的土地找出奈及利亞北部 3200 萬人口的緊急對

策。如果失敗或延遲，則幾萬甚至幾十萬的小孩就會死亡。這是絕不容許失敗的工作。我不知道要如何承擔！但是我相信這是神的呼召，我接受了這個工作。在非洲服務的志工大家都有過的經驗，就是業務以及行政業務上的挫折。效率差加上官僚問題，又無法支出我必須的經費。雖然加拿大和瑞典的研究基金會寄信來告知可以支援我的工作，但是大學的校長卻回覆已有研究經費，拒絕接受援助。然而向大學事務室申請的經費又下不來，因為時間緊迫，只好自掏腰包，別無他途。

黃豆的普及工作，聯合國的 FAO，WHO，UNICEF 美國的 USAID 等多數的研究者都嘗試過，但是都沒有成功。他們的結論是，黃豆要普及，最少也要花上一世代。而我只花了一年就成功普及黃豆，結果變成一個很有名的笑柄和瘋子，我被大學的講師們當作傻瓜。

非洲人知道黃豆，也知道黃豆含有很高的蛋白質。但是他們的印象是黃豆很難煮，味道又不好，這也是研究者的印象。我採用的方法是，首先要取得醫學院、農學院、教育學院教授和研究學者的共識，但是當我提出黃豆話題時，大家都不理我，我只好邀請他們來我家吃中國菜，幾乎每天晚上我的宿舍裡都有客人。說黃豆沒有人要來，但是說中國菜就會有人來。我最初的菜單，是用黃豆製成的紅色丸子和帕夫帕夫。現場演出，並介紹說那是壽喜燒（Sukiyaki），客人吃了之後，再告訴他們剛剛吃的是黃豆。我想反正味道很棒，不管以前怎麼批評的人或把我當笨蛋的人，應該都可以接受，也不會提出反駁。成為有名笨蛋和笑柄的我，這樣經過五個月後，終於得到多數批評者或當我是傻瓜之人的信服，結果這些人都自動來幫忙我的工作。他們自發性的參與活動，傳遞給全奈及利亞的州政府和宣教師團體，以及來自各國（含聯合國）的志工團，和他們的親戚朋友。

在工作開始後的第七個月，有五個州政府（奈及利亞有十二州）以政府的 project 開始普及。WHO，FAO 的團體也來觀察，雖然很快答應要幫忙宣傳，但是校長卻說已經向奈及利亞聯邦申請援助，所以不接受 WHO、FAO 的人幫忙。由於當時聯邦政府衛生部指揮各州政府衛生部的網狀組織尚未完成，所以我不只是缺乏經費，連宣傳都要自己去完成。可是個人的力量實在是太有限了。

這樣像業務員似的工作，一年很快就過去了。在這一年當中，取得七個州政府的農林部和衛生部的共識。剩下的五個州政府，以我個人的力量實在是無能為力。不久，連自發性工作（initiative work）也不得不放棄了。

無味、無臭的黃豆粉

作為解決午餐和晚餐蛋白質缺乏的對策，原來是從製作無味無臭的黃豆粉，再混入山薯、樹薯、澱粉殘渣中而得的，這項研究花了一年終於實現。其做法如下。

第一階段，泡水一夜的黃豆放在兩倍以上的沸水中煮 10 分鐘。這樣做的目的是：(1) 把造成黃豆草腥味的酵素，從開始就加熱讓其變質。泡水的黃豆會膨脹成兩、三倍。而酵素開始活動，就會產生各種豆子的腥味。如果自開始就讓酵素變質的話，黃豆特有的草腥味就會減少。豆子的草腥味是由 3 ～ 10 個碳的有機化合物所形成的。都很難溶於水。但是在沸騰的水中就很容易揮發掉。

第二階段，用臼子把已經風得很乾的黃豆搗碎，或是用搗碎機搗碎，豆子用磨石器或製粉機磨成細粉狀。

這樣的製作方法，只能在日照多的乾季裡應用。雨季，農民必須

忙於農田的耕作，而乾季是農閒時期，正好符合西非的實際狀況。

因黃豆種類不同，但是即使無法達到完全無臭無味，至少也接近了。把這些黃豆粉混合拌入奈及利亞的任何料理中，無論外觀或是味道都不會有所改變。（混合拌入山芋、樹薯、澱粉殘渣、小米、millet，在味道和外觀上都不會有所改變）。如此，午餐和晚餐低蛋白質的問題就有了解決方案，但並沒有解決全部的問題。這不是我一個人的能力可以全部解決的。

留下的問題點

1. 非洲栽培的黃豆價錢非常低，只有世界市場價格的 1/5。這是因為生長在溫帶的害蟲無法生長在熱帶氣候環境的關係。政府往往都是先從農民處購得黃豆，再轉賣到國外獲取利益。而且政府還制定法律，禁止農民直接賣到市場。也就說黃豆已經變成政治性農產品了。我不斷地向奈及利亞聯邦政府的農林部長和高官們提出禁止出口的要求，終於在最近，農民被允許可以直接賣到國內市場了。但是市場上卻依然不見黃豆。那是在農民拿到政府許可之前，政府公賣局早就先向農民購買出口去了。因此，明年才能在市場上見到黃豆。

2. 不光是黃豆，只要是新的食品，不試吃就無法被接受，而且試吃沒有經過大眾傳播就很難宣傳開來。

3. 我不斷透過政府和宣教師團體來推動，但是很遺憾地，這些資訊無法傳遞到奈及利亞全部一億的人口中，如果要繼續推動這個工作，必然會面臨瓶頸。我的本職（臨床化學教師）正等著我來持續。如果我繼續推動這工作，就必須辭去本職。

黃豆的普及雖然已經有突破，但是我無法變成營養學者，更不可能教營養學。我的天主教神父友人不但破產，而且不得不停止蛋白質缺乏症的救援行動。我也必須動用自己的薪水來推動，幸好沒有破產，一直做到現在。我相信這是背後許多人的代禱和眾人鼎力協助的緣故。這個黃豆普及計畫不是我個人的努力，而是幾十人、幾百人，近處的和遠處的朋友共同努力所完成的。

後記

以上報告是截至 1975 年 5 月的內容，之後由加拿大海外服務團所差派的一位家政師繼任。幸好，黃豆的普及已透過奈及利亞全國各地政府、學校、醫院、衛生所和民間團體來推廣，當大家在努力推廣的同時，宣教師團體經營的幾個基督教醫院，傳來蛋白質缺乏症的病例數已大幅減少的報告。肉類空前大缺乏是自一年前就開始的窘境，要恢復到 1972 年的水準，據說要花上十年的時間，正因在這樣的肉慌時期，期待各方能正確認識黃豆普及的成效，並繼續提高其實際的果效。

（我想向尚未謀面的協助者——東京大學醫學部副教授豐川裕之先生致謝。豐川博士不但將我的工作當作研究來評價，又將它介紹給日本的讀者，由於我的日文仍不成熟，感謝博士幫忙整理，才有這份文稿的刊登）

〈作者介紹〉

Theodore Kay（郭惠二）先生現在是一位仍擁有加拿大國籍的台灣人。在東京戶山小學讀到五年級。這篇論文的日文寫作很棒。我只

幫了一點忙，成為現在您所看到的這篇文章。我認為太像日本人的口吻，太多現代化的文句表現，反而會傷到這篇論文真正的價值，所以只是稍做修飾而已。

　　看過 Kay 先生的這番描述，我想這才是活的公共營養學（Community Nutrition），而本雜誌的讀者了解到這個工作的內容，對於討論何謂公共營養的理想、公共營養的議題時，可以有更正確的方向。雖然有些僭越，但容我代表本雜誌說幾句話，在此深切期盼 Kay 先生能更加活躍，還有奈及利亞的營養問題獲得改善。

（豐川裕之）

譯自日本臨床營養雜誌 (1976)，第 48 卷第 1 號昭和 51 年 1 月。
ps. 這一篇報告曾在日本各大學食品營養學科成為指定參考文獻至今。

附記：

1. Kay T. Ifeacho CL, Onowu G et al. Use of soya bean to improve the content of the diet in West Africa and thus prevent

2. Kay T, Ogunsola VA. The elimination of beauty taste in soya bean preparation for a rural community. J trop Pediatr Env Child Hlth 1977; 23:291-2

   a. 現在的 beamy taste 應該要改成 beamy flavor（草腥味）

   b. 三個方法中的第一個方法，現在更簡化為：黃豆泡一個晚上，另外準備一塊布，裝泡過水的二杯黃豆，另外準備一個鍋子，放三杯水煮開後，水燒開後，放入泡過水的黃豆，煮 15 秒（這個動作是為了消除草腥，及抽掉會製造放屁的

東西），氣溫如果超過 30 度時，15 秒後熄火，讓它慢慢
冷卻約 15 分鐘。取出以杵臼或是兩塊石頭磨，再加入同量
的水煮開即可。有時放糖，有時不放，但他們都吃得很快
樂，連豆渣都一起吃掉，有時則是加入玉米粉作為主食。
以杵臼或是石頭磨，要花很多力氣，所以最好有手動磨豆
機，但是這東西已在台灣消失四十年了。

3. Kay T. Elimination of flatus factors in soya bean preparation for a rural community. J Trop Pediatr 1981; 27; 108-9

4. Kay T, Kimura M, Nishino K, Itokawa Y. Soybean, goiter and prevention. J Trop Pediatr 1988; 34:110-13

給代禱朋友的報告信（一）

奈及利亞 Zaria 市
Ahmadu Bello 大學附設醫院
病理學部門
1974 年 4 月 19 日

親愛的朋友：

　　這是一封相當遲來的感謝信。謝謝您對我在這裡的工作誠懇耐心的祈禱。

　　我一回到奈及利亞，就有緊急的事等著我。正如我之前提到的，過去三年整個西非撒哈拉沙漠南邊都鬧著嚴重的旱災，特別是在 1973 年，整個靠近沙漠的西非地區，因缺水死了上千萬頭的牛，大部分農作物也無法收成。像查德、尼日、布吉納法索（原稱上伏塔）、馬里、茅利塔尼亞、塞內加爾這些國家，都已經到了饑荒階段。雖然奈及利亞尚未進入饑荒狀態，但是北部地區已受到嚴重影響。整個國家受到糧食短缺的威脅，特別是乳牛不足造成的蛋白質缺乏。故我在一年半前開始的大豆（或稱黃豆）營養計畫成了最緊急的工作。一群大學裡的高層人員要求我繼續完成此計畫，包括在預期肉類短缺衝擊之前要盡快完成宣傳的工作。我真的不知道要如何接受這項重大任務。然而，我感覺上帝已為這件危機準備我了。

雖然將黃豆納入飲食的觀念，是非洲原住民不曾聽過的，但對在本地或國際單位，例如，聯合國的世界衛生組織（WHO）、聯合國糧食農業組織（FAO）、聯合國兒童基金會（UNICEF）、美國國際開發援助署（USAID）、宣教團體，以及來自不同國家的外援方案工作的員工則不陌生。幾乎每個代理機構都已嘗試去推廣，但卻從來沒有被非洲原住民所接受。很自然地，每個人就會下此結論：非洲人在飲食習慣和口味上極度保守。根據這些專家，我的工作需要超過一個世代的時間才能被接受。但因為我曾說我要試著在一年內完成，結果我成了一個出名的笑柄和瘋子。雖然一群大學的高層人員相信我的計畫對眼前迫切的問題會是個解決方法，但並不是每個人都這麼想。

非洲人認為黃豆是很難烹調且不可口的食物。雖然經過適當的調理後，黃豆可變成易於烹調且十分可口的食物，但大多數的人仍然不相信，除非他們親眼看見示範，且嚐過烹調後的食物。

所以我藉著邀請他們到我家來晚餐或公開演講、示範烹調，奮力說服他們。為了說服主修農業、教育及健康科學的多數學生和教職員，我花了四個月的時間。漸漸地，許多人主動將我的工作介紹給各地方政府，包括我在國際和本地討論會的工作，或是代表我和地方政府當局接觸。本方案正在運作中。十二個州政府當中有五個州政府已開始公開推廣生產黃豆作為人類消費品的活動。然而我必須在一個月內和兩個以上的州政府接洽，因他們所面臨的問題已變得嚴峻，且農耕期接近了，可是這些州政府都不易接洽。

奈及利亞人口六千萬，面積比安大略省稍微大一點。如果沒有來自您和全世界其他朋友的禱告，我恐怕沒有這種勇氣和力量面對

這項龐大的任務。上帝賜予我靈感與方向、正確的知識和方法。如同我先前所承認的，我既不是營養學家，也不是家政學家，我只是個普通的生化學家。雖然我只是個無名小卒，上帝引領我去見對的人以及當地最有才能的人。這些人與我同工，用非洲的烹調方式將黃豆介紹給非洲人。我想我先前會失敗，可能是因為不懂得用非洲的烹調方式來呈現，而是使用歐洲人、北美人或東方人的烹調方式，或者以麵粉的型態來呈現，這對非洲原住民來說是十分陌生的。或者他們用麵粉的型態來呈現。雖然大部分的捐贈國都很慷慨地捐贈混合麵粉，但卻不願意幫助受贈國生產。或是提供製造的設備，和整個製造過程對受贈國人民而言太過複雜。無論如何，由於非洲人不知道混合粉末的製作流程，因此往往對他國捐贈的粉末感到存疑，認為當中包含有毒物質。

很抱歉這麼晚才寫信給您們，因為我無法靜下心來閱讀或寫作。請繼續為我祈禱，雖然我目前的任務不是引領人們認識主耶穌，但是面對一大群正在受苦的人，我必須盡快完成這裡的工作。在這之後，基督徒學生福音工作和許多事情都需要我的關注。

Ahmadu Bello 大學學生人數超過八千名，位居北奈及利亞地區，此區佔奈及利亞國土百分之七十，有 3200 萬人口。一半以上的人口是回教徒。然而，這所大學超過一半的學生和教職員是基督徒（有天主教徒和清教徒）。由於職員不足和許多其他原因，很少教職員有時間和學生相處在一起。在處理完黃豆事情後，基於本地（Zaria）的情況，我必須主動參與計畫基督徒大學校外福音事工。雖然大部分學生支持每個主日校外福音事工的理念，但校外福音事工的整個規劃欲進行並非易事。撇開保守的回教社會和溝通困難不

說，我必須悄悄地進行這項工作。除了所有的這些之外，不久我將有很多的臨床工作要做。

非常感激您們的代禱與支持。願上帝賜福給您。

您忠實的朋友
Theodore Kay
化學病理學講師

給代禱朋友的報告信（二）

奈及利亞 Jos

Jos 大學醫學院社區醫學系

1977 年 12 月 1 日

親愛的朋友：

　　首先對於自從 1974 年耶誕節之後，就沒有寫信告訴您們我的狀況感到抱歉。自那時候起發生了許多事，您的祈禱是我這些年來力量的來源。然而，我認為我應該告訴您 1975 至今所發生的事情。

　　經過一年的準備，終於在 74/75 學期開始大學校外服務計畫，邀請大學畢業生參與地方及村落教會活動及一起解決問題，以避免大學基督徒學生一旦畢業後就脫離教會。在奈及利亞的 Enugu 時，超過 10% 的大學清教徒參加本活動，在 Ahmadu Bello 大學只有60-70 位學生參加，約佔 3%。大部分參與者後來都成為兒童主日學老師。

　　此時大部分參與的學生都面臨比在 Enugu 時更多的困難，因為大學校園十分偏僻，他們必須走路及搭乘小巴士，坐一小時的車才能到達當地的教堂。大部分的教會牧師幾乎不曾和幫助教會的學生們講過話，因為牧師們沒有大學學位，自認比不上這群年輕的大學基督徒。

　　然而感謝上帝，學生們的士氣相當高昂。世界性的回教復興運動蔓延到了 Ahmadu Bello 大學，Zaria 校園，這裡有一半的人口是回教徒。基督徒和回教徒學生團體之間的緊張情勢逐漸昇高。我們需要您為這些地方的基督徒祈禱。

　　從 1974 年底到 1976 年底，我並未在奈及利亞的日常食物中引入黃豆（含有百分之 35 的蛋白質）。這項工作是在 1972 年底，因憐憫惡性 Kwashiorkor 營養不良症（蛋白質不足的疾病）而開始的，這種疾病於東部奈及利亞內戰時流行，1971 年至 1973 年間我在加拿大海外服務隊的贊助下，在東部奈及利亞擔任生化學講師。我不是營養學家，對於黃豆我一無所知，我在亞洲時，只會吃黃豆製品而已。1972 年底，我向日本駐奈及利亞大使館主廚學習烹調豆腐，接著又稍微修正把黃豆變成西非食物的方法。一年之後，這件工作成為解決乾旱所造成的急迫蛋白質食品短缺的對策，因為 1973 年時，嚴重的旱災導致西非過半的牛慘死。

　　由於奈及利亞民眾、州政府和大學裡大批優秀的婦女對這項計畫感興趣，因而成為我的工作夥伴，經由奈及利亞傳統的烹調方式，不經過複雜的工業加工，創造開發黃豆食譜。在非洲，每個黑人部落裡都有 20 種以下不同的常見食譜。1973 年至 1974 年，我主要的工作就是說服奈及利亞聯邦政府、州政府、大學及宣教團體接受由黃豆作成的奈及利亞食物。

　　雖然看過烹飪示範且嚐過的人完全相信黃豆的美味也接受黃豆，但仍經歷了萬般挫折與艱苦。當我開始這項工作時，大學裡的總務人員對於一位化學病理學講師從事家政領域工作感到困惑，後來就拒絕給我研究經費，我必須全程使用個人的收入。部分海外研

究基金會和校園裡的許多同事提供他們的研究補助金給我，但這些補助後來都沒有被批准。我只能選擇化學病理講師的職位，或是離職繼續黃豆工作。由於我並未獲得繼續黃豆工作的書面核可，我想我已完成此任務，因此在 1974 年底，我停止黃豆的工作。

世界衛生組織（WHO），聯合國糧食農業組織（FAO），非洲統一組織（OAU）聯合委員會建議接管此項將黃豆推廣至全奈及利亞和西非的計畫，但被校長拒絕了，因為他說他已經提出要求奈及利亞聯邦衛生部加速進行此項工作。然而，奈及利亞聯邦衛生部卻什麼事也沒做。大批在拉哥斯國會大廈工作的優秀婦女邀請我為她們說明黃豆工作，讓她們可在奈及利亞西南部推廣。但是，當地的政策令我喪失信心，而去不成。

從 1975 年初開始，在經過將近兩年的野外工作後，我一直努力嘗試轉回臨床實驗的領域。1975 年的 3 月和 8 月間，我有幸在奈及利亞 Ibadan 的非洲首屆非洲營養大會和在日本京都第 10 屆國際營養科學大會中報告我的黃豆工作。我也被邀請至日本東京大學為公共衛生學研究生做社區營養的演講。對大部分的聽眾而言，那是一項很有趣的報告，因鮮少有國際或國家的工作者曾經試著將新進口農作物和食物引入非洲原住民的生活中。之前所做的類似工作中，大部分都是依循國際工作者的家鄉文化或國家工作者的西方教育模式，很少注意對非洲原始社會最熟悉的食物。觀察在過去幾年間，上帝如何引領一位在營養學和公共衛生方面沒有受過訓練的人，為主完成了這麼有意義的成就，真是一件很有趣的事。

從 1975-1976 年學期開始，我的系主任好心地提供我一個專職的研究機會，希望我可以在兩三年內取得臨床病理學的博士學位。

在此之後，我日以繼夜從事人類紅血球的研究工作，獲得一些有趣的發現。然而一年後，我接到來自世界各地的信件，請求我提供更多黃豆工作的相關資訊，或是做更多研究，讓黃豆在他們的社會上有更高的接受度。剛開始，我並不在意這些信件，因我認為我既未受過營養師的訓練，也未曾接受任何的財務資助，再者，我還有許多工作要做。不過，不斷湧入的信件，終於讓我在閒暇之餘繼續從事這項工作。我開始去拜訪那些尚未引進黃豆的村落。很快地，都市不喜歡的東西，鄉村不見得不喜歡。我不費吹灰之力就讓大豆成為鄉村人日常主食 30% 來自黃豆，但都市的情形可不相同，鄉村行的通的，在都市就行不通。

此外，鄉村的悲慘真相使我感到氣餒，那裡連基本的方便設施都沒有，有一半以上未達學齡的兒童夭折。所有的這些悲慘景象成為我內心極大的痛苦。

只要運用更多的常識和想像，就能免除這些不幸的事。不過，很少受過良好訓練的人願意在鄉村工作。我的心思從臨床實驗室轉換到公共衛生領域。我開始在同一時間內做兩件工作：研究人類紅血球和社區營養學。在這期間，我的健康開始因悲痛和過勞而走下坡。大約在今年四月，我面臨抉擇是否應該停止化學病理學的工作（此項工作進行的很順利），或轉換至我沒有資歷且經驗較少的社區醫學領域。如果我這麼決定，我可能會被降職，且必須從零開始一個新的事業。另一個選擇是繼續研究人類紅血球，而讓我的心繼續悲痛與衝突。

非常謝謝您的祈禱，還有來自 Ahmadu Bello 大學化學病理學教授，以及 Jos 大學校長的指引。我在六月初提出辭呈，兩個月後又

被任命為社區醫學講師。我沒有被降職。

　　這學期大學給我較少的工作，因此我可以透過閱讀和規劃加強我在社區醫學的背景資料。為了充分休息和準備未來的工作，今年9月初至10月中旬，我再次前往加拿大、美國、英國、荷蘭、德國和瑞士，去拜訪營養學和農村衛生方面的頂尖人士見面。出乎意料地，德國醫藥宣教會 Tubingen，捐助一大筆錢鼓勵我的黃豆推廣計畫。今年我也首次收到來自加拿大和台灣教會對我在這裡工作的捐款。台灣教會一直在接受幫助，他們接受宣教團體以及來自全世界的財務援助，從未想過幫助非洲的窮人。因此我感謝上帝讓他們成長，能分擔在全世界宣傳福音的責任。

　　關於在 Jos 大學校園裡的基督徒學生福音工作，我仍然不知道我應該扮演什麼角色。因為這所大學沒有禮拜堂，學校靠近市區，學生們會主動到當地教會做主日崇拜，不需要為了使他們對當地教會活動感興趣，而特別從事校外基督教服務。我可能會在學生宿舍發起讀經會和主日學教學研究會，導引我們的基督教學生關於服務的優先順序。

　　幾個月前，我研擬了一項修正基督徒兒童教育視覺教具的企劃案，藉著將聖經人物的皮膚塗成深褐色或暗色，但仍保留原有的猶太人或阿拉伯人面貌，以吸引非洲人及拉近一般非洲兒童的距離。主耶穌的福音不只為歐洲或北美洲的白人小孩，也是為非洲的兒童預備的。目前在加拿大、日本、澳洲和美國，已經有幾位藝術家自願從事繪畫的工作，且提供不少成果給我們。不過，當這個企劃案開始運作時，我們需要更多的義工和資金。明年夏天我可能會前往香港和台灣，去安排出版事宜，因我聽說香港和台灣的印刷成本價

格是全世界最便宜的。因此請為這項重要企劃案祈禱。如您對這項計畫感興趣，我將提供您更多更詳細的資訊。

我不是藝術家。許多參與兒童主日學教學的學生及同事們要求更多的彩色視覺教具，他們一直抱怨聖經圖案都是白人膚色，而不是原始的猶太人或阿拉伯人的膚色。這會對一般的非洲兒童或成人造成反效果。一年前，小學在奈及利亞成為義務教育，包括宗教知識課程（基督教及回教：每位學生必須選擇基督教或回教）。因此我們目前正嚴重缺乏合適的中小學基督教知識課程教材和師資，尤其是在回教統治的奈及利亞北部。

雖然許多宣教團體正一起努力擬定中小學的基督教知識課程，但是目前宣教團體仍無力發展或修改，將圖片中聖經人物的皮膚塗成原來在巴勒斯坦的猶太人或阿拉伯人的膚色。此外，許多老一輩的宣教士覺得不需要重漆皮膚顏色，更接近以色列猶太人原來的深褐膚色，非洲基督教大學學生已經對此感到痛苦萬分。目前奈及利亞中小學有超過一千萬名的學生，因此製作原始深褐膚色的猶太人或阿拉伯人圖片的基督教視覺教具，對本地大部分的年輕基督徒學生而言是很迫切的事，雖然很多宣教士不這麼認為。感謝上帝，越來越多受過良好訓練的非洲基督徒對此重要的宣教工作感興趣。我的同事和學生也在研擬一項計畫，採用非洲的旋律和樂器：例如鼓，將聖歌非洲化，這會比使用歐洲旋律更能拉近非洲人的距離。

近來，我接獲一位日本流行病理學家的朋友的警告，他說黃豆已經被證實含有 goitrogen，會引起碘缺乏症狀的因子，這意味我必須在推廣黃豆來消除蛋白質缺乏症之前，想辦法在非洲食物中加入更多、更大量的碘。

　　有趣的是，Jos 大學的周圍一直是甲狀腺腫和蛋白質卡洛里營養失調的問題地區。Jos 大學是很多宣教團體總部的所在地，Jos 也有非常好的社區發展和農村衛生系統。所有這些，顯示出上帝可能還要繼續使用我一段時間，我需要您的祈禱以完成神指派的使命。希望您們在耶誕節前能收到這封信，並給予回音。

　　祝喜樂平安，

您忠實的朋友

Theodore Kay

化學病理學講師

郭惠二教授生平大事記

1934　出生於淡水

1941　日本東京戶山小學校

1941-
1945　於日本經歷太平洋戰爭

1946　回到台灣

1946　日新小學

1946　大同中學

1955　中原理工學院化學系

1959　澎湖服役

1963　留學加拿大曼尼托巴大學（University of Manitoba）

1966　獲加拿大滑鐵盧大學（University of Waterloo）
　　　化學碩士學位

1966　加拿大多倫多大學 Best 研究研究助理

1971　獲加拿大多倫多大學（University of Toronto）
　　　教育碩士學位

1971　加入加拿大大學海外服務團（CUSO）；被加拿大大學海外服
　　　務團派駐西非奈及利亞東部恩蘇卡市（Nsukka）；任教奈及
　　　利亞國奈及利亞大學
　　　（University of Nigeria）醫學院

1971　開發非洲化的大豆食品，解決非洲民眾蛋白質缺乏症的問題，
起　　後被非洲國家評選為「開發中國家農業領導科學家」。

1973	任教奈及利亞北部艾瑪杜貝洛大學（Ahmadu Bello University）醫學院
1977	任教奈及利亞中部喬斯大學（University of Jos）
1979	自費前往日本京都大學與該校衛生學系學者共同發展出「預防甲狀腺腫大之食鹽加添碘量公式」
1982-2000	任教台灣彰化師範大學化學系
1984	於校園內與學生成立「山地服務社」
1986	參與鹿港居民反對杜邦公司設廠運動
1987	共同創立「彰化縣平安學術文教基金會」
198X	擔任「彰化縣公害防治協會」學術委員
198X	擔任「台灣環境保護聯盟」學術委員
1993	赴東非肯亞協助有關營養知識的推廣
1995	與林媽利醫師結婚
1996	獲第六屆醫療奉獻獎
1997	與林媽利醫師前往泰國北部滿星疊參訪及宣教
1998	於馬偕醫院開辦「台灣大專學生海外服務」（TUSO）研習營
2000	與馬拉威教會組織合作協助非洲東南部的國家
2015	獲銅鑼獎
2016	因意外跌倒導致身體不適，長期臥床
2022.03.07	蒙主恩召

夢幻似的愛

郭惠二的服事與跨越文化的海外宣教

作　　者：郭惠二
編　　者：林媽利
發 行 人：鄭忠信
主　　編：陳敬智
特約編輯：朱兒
美術設計：夏易恩
出 版 及　財團法人基督教
發 行 所：中國主日學協會 出版部
地　　址：台北市中山北路二段105號
電　　話：(02)2571-1144
傳　　真：(02)2537-4069
郵　　撥：0001066-4 中國主日學協會
電　　郵：mkt@cssa.org.tw
網　　址：http://www.cssa.org.tw
登 記 證：行政院新聞局局版臺業字第0136號
二〇二二年十月初版一刷

年份：31 30 29 28 27 26 25 24 23 22
刷次：10 09 08 07 06 05 04 03 02 01